KOMPAKT-WISSEN
SPORT

Thorsten Vahl

Bewegungslehre · Sportbiologie
Trainingslehre · Sport und Gesellschaft

STARK

Bildnachweis
Umschlag: © lilufoto – Fotolia.com

ISBN 978-3-86668-918-3

Inhalt

Fortsetzung siehe nächste Seite

Sportbiologie 26

Trainingslehre 52

Fortsetzung siehe nächste Seite

Autor: Dr. Thorsten Vahl

Vorwort

Liebe Schülerin, lieber Schüler,

mit dem vorliegenden Band können Sie **schnell und effektiv** die wichtigsten Aspekte der Sporttheorie wiederholen.

- Der Band greift die vier großen Bereiche **Bewegungslehre, Sportbiologie, Trainingslehre** und **Sport und Gesellschaft** (mit Berücksichtigung der Themen Gesundheit und Doping) auf.
- Der Stoff ist **präzise** dargestellt und **gut verständlich** erklärt, sodass Sie größere Wissenslücken kurzfristig schließen können.
- Grundlegende **Begriffe** sind blau hervorgehoben. Die besonders wichtigen Begriffe werden zusätzlich in eigens abgesetzten blauen Feldern knapp und lernfreundlich erläutert.
- Durch **Grafiken** und **Tabellen** werden Fakten und Zusammenhänge übersichtlich zusammengefasst.
- Das **Stichwortverzeichnis** ermöglicht es, die wichtigsten Inhalte gezielt nachzuschlagen.

Viel Freude und Erfolg bei der Arbeit mit dem Band wünscht Ihnen

Dr. Thorsten Vahl

Bewegungslehre

Bewegungswissenschaft und Bewegungslehre befassen sich gemeinsam mit der wissenschaftlichen Untersuchung von menschlichen Bewegungen.

Die **Bewegungswissenschaft** im engeren Sinne ist grundlagenorientiert. Ihr obliegt es, Behauptungen und Hypothesen kritisch zu diskutieren und empirisch bzw. nichtempirisch zu überprüfen. Eines ihrer Hauptziele ist das Formulieren von Gesetzmäßigkeiten.

Die **Bewegungslehre** ist anwendungsorientiert. Sie ist aus der praktischen Erfahrung heraus entstanden und gibt eine geordnete Zusammenfassung von Ratschlägen, Empfehlungen und Normen.

Bei der morphologisch-phänografischen **Bewegungsanalyse** geht es um die äußeren Aspekte einer Bewegung, beim **motorischen Lernen** und bei den **Modellen der Bewegungssteuerung** um die inneren. Die **Biomechanik** stellt einen Übergang zwischen Bewegungsanalyse und motorischem Lernen/Modellen der Bewegungssteuerung dar.

1 Bewegungsanalyse

Die morphologisch-phänografische **Bewegungsanalyse** ist eine Methode, womit die äußerlich wahrnehmbaren Teile einer Bewegung beschrieben und untersucht werden.

Zum Erfassen einer sportlichen Bewegung wird der Beobachtungsschwerpunkt auf bestimmte Bewegungsmerkmale gesetzt. Zusätzlich werden komplexe sportliche Bewegungen in verschiedene Phasen zerlegt. Die Phasen können dabei zeitlich (MEINEL) oder funktional (GÖHNER) definiert sein.

1 Bewegungsmerkmale

Bewegungsmerkmale sind wesentliche Kennzeichen einer Bewegung, die von außen sichtbar sind.

MEINEL/SCHNABEL nennen zwei komplexe, mehrdimensionale Merkmale (Bewegungsrhythmus und Bewegungskopplung) und sechs einfachere (Bewegungskonstanz, Bewegungsfluss, Bewegungspräzision, Bewegungsstärke, Bewegungstempo und Bewegungsumfang). Die Merkmale können nicht isoliert voneinander betrachtet werden, sondern stehen in einer inneren Abhängigkeit zueinander.

Mehrdimensionale Merkmale:
- **Bewegungsrhythmus** ist die zeitliche Ordnung der Anspannungs- und Entspannungsphasen der Muskulatur. Die Muskeldynamik kann in Kraft-Zeit- und Weg-Zeit-Verläufen sowie mittels Elektromyografie (Messung der elektrischen Muskel-Aktivität) aufgezeichnet werden. Zyklische, aber auch azyklische Bewegungen haben einen charakteristischen Bewegungsrhythmus.
- **Bewegungskopplung** ist das absichtsvolle räumliche, zeitliche und dynamische Zusammenspiel von Teilbewegungen innerhalb eines Bewegungsablaufs. Eine solche bewusst gesetzte zeitliche Abfolge von Teilbewegungen kommt beispielsweise bei Schwungelementen zum Einsatz, wo der Impuls von einem Körperteil auf den Gesamtkörper übertragen wird.

Einfachere Merkmale:
- **Bewegungskonstanz** beschreibt die gleichförmige Reproduzierbarkeit einer Bewegung. Dies gilt sowohl für zyklische als auch für azyklische Bewegungen.
- **Bewegungsfluss** meint die Kontinuität im Bewegungsverlauf, das heißt, wie flüssig eine Bewegung ist.
- **Bewegungspräzision** bezeichnet die möglichst geringe Abweichung von Bewegungsplan und Bewegungsergebnis.
- **Bewegungsstärke** sagt etwas über den Krafteinsatz bei einer Bewegung aus. Da die Kompetenz zur Regulation durch Training zunimmt, werden die Krafteinsätze in der Regel geringer. Je besser also eine Bewegung beherrscht wird, desto weniger Kraft muss man einsetzen und desto ökonomischer wird sie.

- **Bewegungstempo** klassifiziert die Geschwindigkeit, mit der eine Bewegung ausgeführt wird.
- **Bewegungsumfang** ist die räumliche Ausdehnung einer Bewegung.

Von **Bewegungsharmonie** spricht man, wenn alle Bewegungsmerkmale in einem ausgewogenen Verhältnis zueinander vorliegen. Diese ästhetische Kategorie wird beispielsweise beim Geräteturnen oder Eiskunstlauf bewertet, ansonsten stellt sie ein Ideal dar, das in der Regel für Höchstleistung steht. Störungen der Bewegungsharmonie weisen zumeist auf koordinative Mängel hin, die ihre Ursache in der Unvollkommenheit eines oder mehrerer Bewegungsmerkmale haben und sich so präzise feststellen und bearbeiten lassen.

2 Phasenanalyse (MEINEL)

Die Analyse von Bewegungen anhand ihrer Merkmale stößt bei sehr komplexen Bewegungen schnell an ihre Grenzen. Daher entwickelte MEINEL eine Analysemethode nach Phasen, die zweck- und ergebnisorientiert zusammenhängen und allgemein anwendbar sind.

> Sportliche Bewegungen lassen sich nach MEINEL grundsätzlich in **zyklische** und **azyklische Bewegungen** unterscheiden. Diese haben jeweils spezifische Phasen.

Nicht jede Bewegung ist rein zyklisch oder azyklisch. Es gibt auch Bewegungsformen, die einen Teil von beidem haben: Beim Weitsprung ist der Anlauf eine zyklische, der Sprung eine azyklische Bewegung.

Azyklische Bewegungen

Azyklische Bewegungen haben immer eine Vorbereitungsphase, eine Hauptphase und eine Endphase.

- Die **Vorbereitungsphase** schafft die Voraussetzungen für ein gutes Gelingen der Hauptphase. Meistens ist dies die Ausholbewegung, die in Gegenrichtung zur eigentlichen Bewegung erfolgt. Der Körper befindet sich hierbei schon in Bewegung. Die Ausholbewegung muss für ein optimales Ergebnis angemessen sein, da ein zu geringes Ausholen ebenso zu einem schlechten Ergebnis führen kann wie ein zu großes. Bei der Ausführung müssen physikalische und physische Grenzen beachtet werden, insbesondere die, welche im biomechanischen Prinzip der Anfangskraft und im Prinzip des optimalen Beschleunigungsweges formuliert sind.

- Die **Hauptphase** bezeichnet die eigentliche Bewältigung der Bewegungsaufgabe.
- Die **Endphase** dient dazu, nach der Hauptphase wieder einen Gleichgewichtszustand herzustellen. Die eigentliche Bewegungsaufgabe ist gelöst, beispielsweise hat der Speer die Hand verlassen, und der Sportler muss nun den Impuls abfangen und seine Bewegung vor der Linie beenden.
  Die Endphase kann bestimmten Regeln unterliegen, wie im Beispiel Speerwurf, oder aber der Sicherheit dienen, wie es bei der Landung nach dem Stabhochsprung der Fall ist. Eine Endphase kann aber auch der Übergang zu einer neuen Bewegung sein: Beim Geräteturnen dient die Endphase meistens zum Aussteuern der nächsten Vorbereitungsphase, aber auch in schnellen Spielsportarten muss der Sportler in der Endphase die Basis für die nächste Aktion legen. Der Tischtennisspieler darf nach einem noch so gelungenen Schlag dem Gegner nicht eine Seite offen lassen, sondern muss schon in der Endphase seines Schlages die Rückkehr zu einer zentralen Position einleiten.

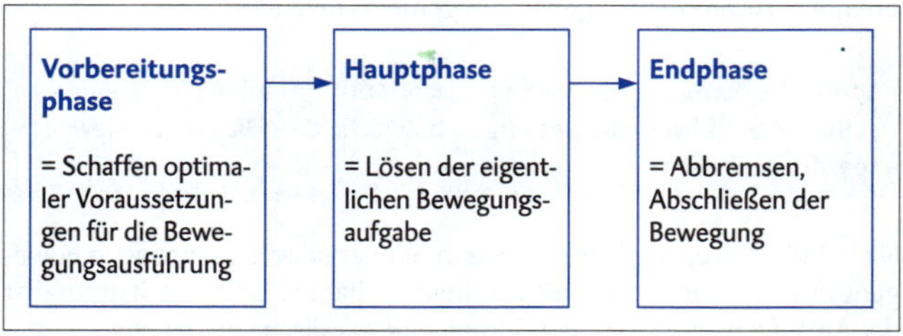

Abb. 1: Phasenstruktur azyklischer Bewegungen

Zyklische Bewegungen

Bei fortdauernden, also zyklischen Bewegungen fasst man die Endphase und die Vorbereitungsphase als sogenannte Zwischenphase zusammen.

- Die **Hauptphase** bezeichnet die eigentliche Bewältigung der Bewegungsaufgabe.
- Die Vorbereitungsphase und die Endphase verschmelzen zu einer **Zwischenphase**. In ihr werden nach der Hauptphase wieder das Gleichgewicht hergestellt und die Voraussetzungen für die Wiederholung der Hauptphase geschaffen. Beim Laufen entspricht die Vorbereitungsphase dem Abdruck und die Endphase der Landung.

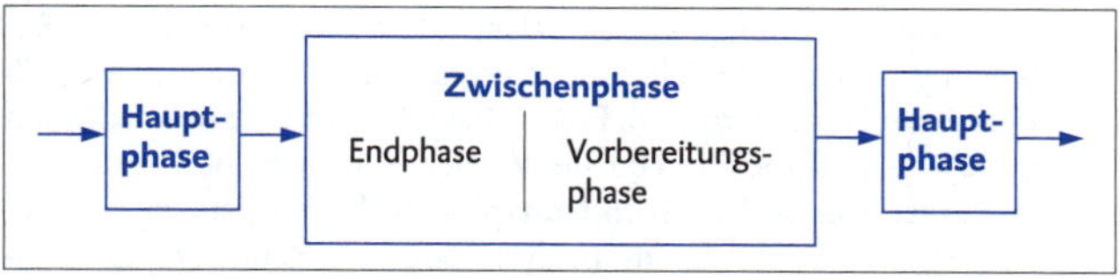

Abb. 2: Phasenstruktur zyklischer Bewegungen

Zusätzlich zur Einteilung in zyklische und azyklische Bewegungen kann eine Unterscheidung dahingehend erfolgen, ob der eigene oder ein anderer Körper bewegt wird.

- Bei der **Lokomotion** wird der eigene Körper im Raum fortbewegt, dies sind in der Regel zyklische Bewegungen (z. B. Radfahren, Schwimmen, Rudern).
- Von **Manipulation** spricht man, wenn die Bewegungsaufgabe darin besteht, einen anderen Körper zu bewegen, in der Regel sind dies azyklische Bewegungen (Wurf beim Handball, Schuss beim Fußball, Schlag beim Tennis).

3 Funktionsphasenanalyse (Göhner)

Eine weitere Möglichkeit, Bewegungen zu analysieren, entwickelte Göhner. Um komplexe Bewegungen zu strukturieren, stellt er die Zielorientierung der Bewegungshandlung in den Vordergrund. Er geht von der Hauptfunktionsphase aus, die funktional eigenständig ist und von der die Hilfsfunktionsphasen abhängen.

- Die **Hauptfunktionsphase** bezeichnet die nicht austauschbare Phase einer Fertigkeit, die auch mehrgliedrig sein kann. Außerdem muss sie in ihrer Funktion nicht auf andere Funktionsphasen Bezug nehmen. Beim Kraularmzug z. B. bildet die Unterwasserphase, die aus einer Zug- und einer Druckphase besteht, die Hauptfunktionsphase. Die Überwasserphase spielt hingegen keine Rolle für den Bewegungsimpuls.
- Die **Hilfsfunktionsphasen** dienen dazu, bestimmte Ausgangsbedingungen zu schaffen oder zu verbessern (ähnlich wie die Vorbereitungsphase bei Meinel). Hilfsfunktionsphasen können vorbereitend, unterstützend oder überleitend sein.
  - **Vorbereitende Hilfsfunktionsphasen** sind funktionell abhängig und ermöglichen die Ausführung einer nachfolgenden Funktionsphase oder verbessern die Ausgangssituation dafür. Beispielsweise sollen bestimmte Punkte im Raum erreicht (z. B. Absprungbalken) oder einzelne Körperteile in eine bestimmte Lage gebracht werden

(z. B. Bogenspannung). Manchmal möchte man auch bestimmte Bewegungszustände erzielen, die eine folgende Bewegung ermöglichen oder erleichtern (z. B. Eiskunstlauf: Einnahme einer rückwärts gerichteten Laufposition bei der Vorbereitung auf einen Sprung).

- **Unterstützende Hilfsfunktionsphasen** finden parallel zu einer vorbereitenden Hilfsfunktionsphase oder zur Hauptfunktionsphase statt. Dabei können sie **direkt** einwirken, indem sie die eigentliche Phase z. B. durch Arm- oder Beinschwung unterstützen oder durch Fuß- oder Handstellung den Kontakt zur Umgebung verbessern. Sie können aber auch **indirekt** wirken, indem sie die Bewegung stabilisieren (z. B. Turnen: Kontakt mit Reckstange beim Umschwung).
- **Überleitende Hilfsfunktionsphasen** bezeichnen Phasen, die auf eine vorausgegangene Phase Bezug nehmen. Sie stellen einen Übergang von einer erreichten Bewegungssituation in eine neue dar. Meistens dienen sie dazu, die Hauptfunktionsphase in einen Zustand der Stabilisierung zu überführen. Ihnen kommen dabei je nach Regelwerk, Spielsituation oder Sicherheit eine unterschiedliche Rolle zu (z. B. Volleyball: Landephasen ohne Berührung von Netz und gegnerischem Feld; in der Spielsituation unmittelbare Einnahme der Verteidigungsposition).

Zusätzlich kann eine **Hierarchisierung** der Hilfsfunktionsphasen vorgenommen werden. Wenn eine Hilfsfunktionsphase zeitlich direkt mit der Hauptfunktionsphase zusammenhängt, wird diese als Hilfsfunktionsphase erster Ordnung bezeichnet. Unterstützt eine Hilfsfunktionsphase eine andere Hilfsfunktionsphase, nennt man sie Hilfsfunktionsphase zweiter Ordnung. Diese Einteilung kann weiter fortgeführt werden.

- Damit eine Bewegung optimal gelingt, sollte der kritische Übergang von einer Phase in die nächste möglichst kurz gehalten werden. Diese Phasenübergänge, die somit die Qualität einer Bewegung bestimmen, heißen **Knotenpunkte**.

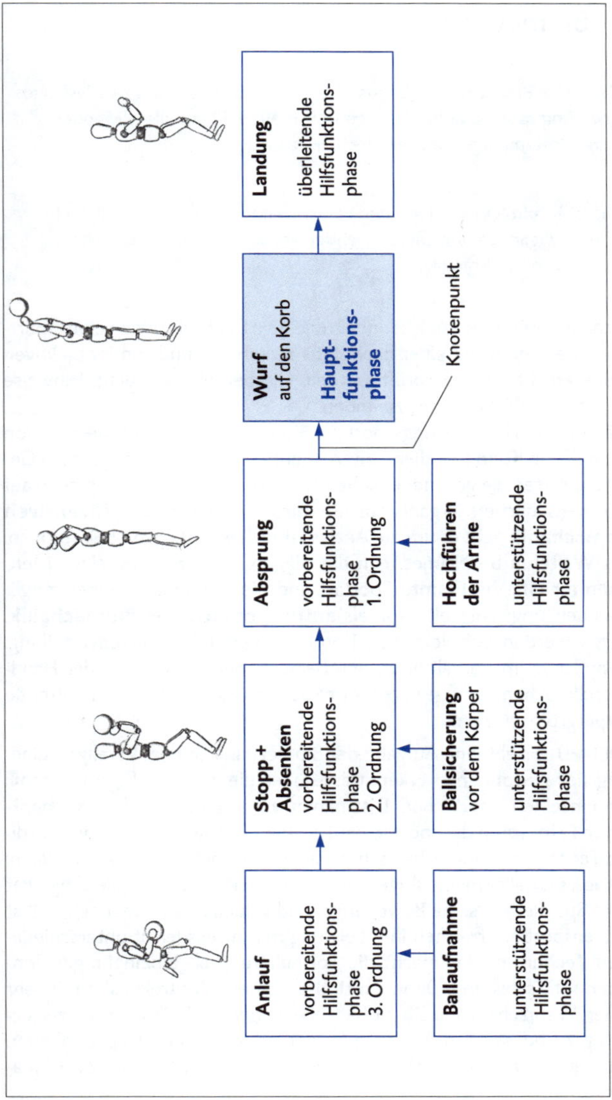

Abb. 3: Funktionsphasenstruktur zyklischer Bewegungen (am Beispiel des Korbwurfs im Basketball)

2 Biomechanik

Die Sport-**Biomechanik** befasst sich mit der Beschreibung, Analyse und Erklärung sportlicher Bewegungen. Sie greift dafür auf die Methoden und Gesetzmäßigkeiten der Mechanik zurück.

Die **Mechanik** besteht aus den beiden Teilbereichen Kinematik (Lehre von Bewegungen ohne Berücksichtigung von Kräften) und Dynamik (Lehre von den Kräften).

Mithilfe der Biomechanik können subjektive Beobachtungen einer sportlichen Bewegung auf einer quantitativ messbaren und somit objektiven Ebene erklärt und überprüft werden. Hierbei wird versucht, Hinweise für das motorische Lernen zu finden.
Während im Hochleistungssport die Biomechanik der Optimierung von Technik und Kondition dient, interessieren unter breitensportlichen Gesichtspunkten die gesundheitlichen Auswirkungen von Bewegungen auf den menschlichen Organismus. Bei dieser sogenannten **präventiven Biomechanik** geht es um die Analyse und Gestaltung von Belastungen. Des Weiteren bezeichnet man die Diagnose der Eignung eines Menschen für eine bestimmte Sportart und die Voraussage seiner möglichen Leistungsfähigkeit darin als **anthropometrische Biomechanik**. Hierzu werden beispielsweise Körperschwerpunkt, Massenverteilung, Rumpflänge im Verhältnis zu den Beinen, aber auch Größe der Handwurzelknochen herangezogen, um Rückschlüsse auf die zu erwartende Körpergröße zu ziehen.

HOCHMUTH sieht eine Aufgabe der Biomechanik in der „Verallgemeinerung der gewonnenen Erkenntnisse über die zweckmäßigste Technik der einzelnen sportlichen Disziplinen zu allgemeinen **biomechanischen Prinzipien** der sportlichen Technik". Das heißt, dass jede sportliche Technik mit biomechanischen Parametern betrachtet werden kann, woraus sich allgemeingültige Prinzipien ableiten lassen. Allerdings hat jeder Sportler für seine Bewegungen individuelle Ausprägungen, selbst Spitzensportler erreichen ihre Leistung mit jeweils leicht unterschiedlichen Techniken. Das macht die Formulierung allgemeingültiger Prinzipien sehr schwierig. Dennoch sind bei einem Weltrekordler mit sehr hoher Wahrscheinlichkeit große Teile seiner Technik als sehr zweckmäßig zu bezeichnen. Im Rahmen der physikalischen Gegebenheiten kann die Biomechanik also durchaus Aussagen über die Zweckmäßigkeit einer Bewegung treffen und so eine Basis für die Analyse sportlicher Bewegungen geben. HOCHMUTH formulierte insgesamt sechs sogenannte biomechanische Prinzipien.

1 Prinzip des optimalen Beschleunigungsweges

Um eine möglichst große Sprunghöhe aus dem Stand zu erreichen, wird der Sprung intuitiv mit einer Ausholbewegung eingeleitet, indem die Knie leicht gebeugt werden. Physikalisch gesehen vergrößert sich so der Beschleunigungsweg, wodurch eine höhere Geschwindigkeit beim Absprung und somit ein höherer Sprung als mit durchgestreckten Knien erreicht werden kann. Auf die Frage, wie weit man in die Knie gehen soll, um eine möglichst optimale Sprunghöhe zu erreichen, versucht die Biomechanik mithilfe des Prinzips des optimalen Beschleunigungsweges eine Antwort zu geben. Hier helfen die rein mechanischen Prinzipien der Physik nicht mehr, da die Winkel der Knochen und die Muskeldehnung beachtet werden müssen. Wird z. B. die Muskulatur zu stark vorgedehnt, überlappen sich die Aktin- und Myosinfilamente nicht mehr ausreichend, sodass weniger Kraft entwickelt werden kann. Außerdem sind die Winkel, die Ober- und Unterschenkel bei einer tiefen Hocke bilden, derart ungünstig, dass sehr viel Kraft aufgebracht werden muss, um aus dieser Position nach oben zu kommen. Eine Beschleunigung kann also dann optimal gelingen, wenn der Beschleunigungsweg gerade richtig und nicht maximal ist.
Neben anatomischen und physiologischen Aspekten können bei der Wahl des optimalen Beschleunigungsweges auch taktische Momente eine Rolle spielen: Zumindest in der Theorie wäre für einen Boxer der ideale Beschleunigungsweg für einen Schlag der, durch den eine maximale Endgeschwindigkeit erreicht wird. Doch kommt er praktisch nie dazu, einen solchen Schlag anzubringen, da der Gegner ihn wegen seines Bewegungsumfangs leicht abwehren oder unter ihm abtauchen kann. So muss für die Wahl des Beschleunigungsweges ein Kompromiss zwischen Treffwahrscheinlichkeit und Schlagstärke eingegangen werden.

2 Prinzip der Anfangskraft

Das Prinzip der Anfangskraft ist eng mit dem des optimalen Beschleunigungsweges verknüpft, da es um den Vorteil von Ausholbewegungen geht, also Bewegungen, die der eigentlichen Bewegungsrichtung entgegengesetzt sind. Sie finden vor der Haupt(funktions)phase statt.

In der Abb. 4 ist schematisch die Entwicklung der Normalkraft dargestellt, wie sie sich bei einem Strecksprung mit Ausholbewegung (blaue Kurve) bzw. ohne (schwarz) ergibt.
Durch das rasche Absenken des Körperschwerpunktes beim In-die-Knie-Gehen (ab t_1) sinkt auch die Normalkraft (solange der Wert unter $F_N = 0$ ist, wird hier von negativem Kraftstoß gesprochen, Fläche A). Sobald allerdings die Bewegung nach unten abgebremst wird, steigt auch die Normalkraft (dieser sogenannte Bremskraftstoß, siehe Fläche B, ist gleich dem negativen Kraftstoß).
Der nun folgende Übergang von der Absenkbewegung zur Streckbewegung (ab t_2) sollte möglichst flüssig sein und ohne Pause erfolgen. Mit Beginn der Streckbewegung setzt der Beschleunigungskraftstoß ein (Fläche C). Bei einem Sprung mit Ausholbewegung ist der Beschleunigungskraftstoß größer als bei einem ohne. Die positive Kraft, die sich allein durch das Abbremsen ergibt und sich auch positiv auf die Höhe des Sprungs auswirkt, wird in der Biomechanik als Anfangskraft bezeichnet (blaue Fläche = Teil der Fläche C bei Sprung mit Ausholbewegung).

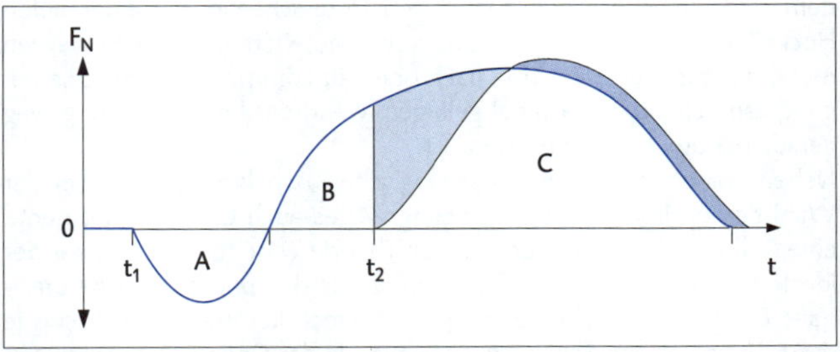

Abb. 4: Normalkraft bei einem Sprung mit und ohne Ausholbewegung

Durch eine optimale Ausholbewegung kann also eine bessere Leistung erzielt werden als ohne.

3 Prinzip der optimalen Tendenz im Beschleunigungsverlauf

Die Gestaltung des Beschleunigungsverlaufs richtet sich nach dem Bewegungsziel.
Meistens geht es darum, eine möglichst hohe Endgeschwindigkeit zu erreichen, um eine größtmögliche Weite zu erreichen. So sollte etwa beim Kugelstoßen die Geschwindigkeit stetig zunehmen und am Ende ihr Maximum erreichen.

In anderen Fällen ist es aber wichtiger, möglichst bald eine hohe Geschwindigkeit zu erreichen. So muss beim Boxen ein Schlag aus taktischen Gründen schon sehr früh sehr schnell sein, damit ihn der Gegner nicht parieren kann.

4 Prinzip der zeitlichen Koordination von Teilimpulsen

Dieses Prinzip ist eng verknüpft mit dem, was MEINEL/SCHNABEL unter Bewegungskopplung verstehen. Bei einer gelungenen Bewegung lässt sich genau erkennen, dass die Impulsübertragung zwischen Körpergliedern und Geräten räumlich, zeitlich und kräftemäßig harmoniert. Mathematisch ausgedrückt bildet der Bewegungsimpuls (p) das Produkt aus Masse (m) und Geschwindigkeit (v):

$$p = m \cdot v$$

5 Prinzip der Impulserhaltung

Aus dem Impulserhaltungssatz ergibt sich, dass die Energie in einem geschlossenen System konstant bleibt. Im Sport spielt dieser physikalische Grundsatz etwa bei Rotationen eine Rolle (Drehimpuls $L = J \cdot \omega$). Wenn z. B. ein Turmspringer die Beine anzieht und eine möglichst kompakte Stellung einnimmt, nähert er seine Körpermasse der Drehachse an, was dazu führt, dass sich das Massenträgheitsmoment J verringert und sich somit die Winkelgeschwindigkeit ω erhöht. Entfernt der Turmspringer die Masse durch eine Körperstreckung von der Drehachse, erhöht er das Massenträgheitsmoment. Durch die dadurch verlangsamte Rotation kann er kontrolliert ins Wasser eintauchen.

6 Prinzip der Gegenwirkung

Actio aequat reactionem lautet das dritte Axiom, das NEWTON postuliert hat. Es besagt, dass Kräfte immer paarweise erscheinen: „Übt ein Körper A auf einen anderen Körper B eine Kraft aus *(actio)*, so wirkt eine gleich große, aber entgegengerichtete Kraft von Körper B auf Körper A *(reactio)*“. Natürlich sind hier nicht Körper im biologischen Sinne gemeint. Deutlich wird dieses Prinzip z. B. beim Rudern: Die Kraft, die man durch das Ruder auf das Medium Wasser entgegen der Bewegungsrichtung erzeugt *(actio)*, befördert einen gemäß diesem biomechanischen Prinzip nach vorne *(reactio)*.

3 Motorisches Lernen

Beim Lernen von Bewegungen finden innere Prozesse statt, die sich auf physiologische, neurophysiologische, sinnesphysiologische und energetische Vorgänge beziehen.

> „Unter **Lernen** versteht man jede überdauernde Verhaltensänderung, die durch Übung oder Beobachtung entstanden ist; diese Verhaltensänderung darf jedoch nicht durch Reifung, Ermüdung, Drogeneinfluß oder ähnliches entstanden sein." (WEINERT)

Grundsätzliches Ziel von Untersuchungen zum motorischen Lernen ist es herauszufinden, wie komplexe Bewegungen gelernt und gelehrt werden und wie man diese Prozesse verbessern kann.
Eine grundlegende Rolle bei jeglicher Art von Lernen spielt die Aufnahme und Speicherung von Informationen. Im Bereich Sport bedeutet Lernen unter anderem die Ausbildung und Verfeinerung der Koordination, wobei den einzelnen koordinativen Fähigkeiten eine besondere Bedeutung zukommt. Da Lernen ein Prozess ist, in dem bestimmte Mechanismen erst nach und nach erworben und vervollkommnet werden, durchläuft ein Sportler im Training mehrere Lernphasen. Das Training folgt bestimmten methodischen Vorgehensweisen, wobei das Erreichen einer nächsthöheren Phase auch in engem Zusammenhang mit der Qualität und Verarbeitbarkeit von Rückmeldungen (intrinsisch und extrinsisch) steht.

1 Speicherung

Das Medium, in dem der Körper Informationen speichert, ist das **Gedächtnis**. Es hat keine spezielle körperliche Basis, es wird von der Gesamtheit der Nervenzellen gebildet und ist physisch nicht existent. Physiologisch ausgedrückt hinterlässt eine Reizeinwirkung im Gehirn eine strukturelle Änderung, die man als Engramm bezeichnet.
Die Leistungen des Gedächtnisses können nach Zeit, Inhalt und beteiligten Prozessen unterschieden werden. Am anschaulichsten lässt sich die Funktion des Gedächtnisses nach Zeit unterteilen.

- Dem **Ultrakurzzeitgedächtnis** kommt die Funktion der Informationsaufnahme, der kurzen Speicherung, der Filterung und der Umsetzung in bioelektrische Impulse zu.
- Das **Kurzzeitgedächtnis** ist, um es mit einem Begriff aus der Computerwelt zu beschreiben, der Arbeitsspeicher, in dem Informationen

30–60 s lang gespeichert werden. Die Kapazität des Kurzzeitgedächtnisses ist begrenzt, das heißt, es können maximal sieben Chunks (≈ Informationsbündel) gespeichert werden, wobei der Informationsgehalt dieser Chunks sehr stark variieren kann. Chunking ist ein Fachbegriff aus der Psychologie und meint die Fähigkeit, viele Informationen so zu bündeln, dass sich diese gemerkt werden können.

- Als **Langzeitgedächtnis** wird das bezeichnet, was man sich mehrere Minuten, einige Wochen oder sogar ein Leben lang merkt. Das Langzeitgedächtnis hat einen sehr engen Bezug zum Ultrakurzzeitgedächtnis, weil dort Einfluss darauf genommen wird, was und wie etwas wahrgenommen wird.

Ausgangspunkt für die Aufnahme, Verarbeitung und Speicherung von Informationen sind bestimmte **Rezeptoren**. Die dort aufgenommenen Informationen werden anschließend von fünf **Analysatoren** entsprechend ihrer sensorischen Eigenart aufgearbeitet:

- Taktiler Analysator: Was spüre ich auf der Haut?
- Kinästhetischer Analysator: Wie fühlt sich die Bewegung an?
- Optischer Analysator: Was ist zu sehen?
- Akustischer Analysator: Was ist zu hören?
- Statico-dynamischer Analysator (Vestibularanalysator): Bin ich im Gleichgewicht?

Die Analysatoren liefern Informationen, die z. T. auch unbewusst verarbeitet werden. Wind wird beispielsweise beim Radfahren taktil wahrgenommen, zugleich aber auch akustisch oder optisch, wenn sich Bäume und Sträucher im Sturm beugen.

2 Koordination

Unter **Koordination** wird das Aufeinanderabstimmen der Muskeln zueinander bzw. des Zentralnervensystems mit der Muskulatur verstanden.

Mit **intermuskulärer Koordination** wird das Zusammenspiel zwischen einzelnen Muskelgruppen, das heißt zwischen synergistisch und antagonistisch arbeitender Muskulatur bezeichnet. Beugt z. B. der zweiköpfige Oberarmmuskel *(m. biceps brachii)* den Arm im Ellenbogengelenk, wird gleichzeitig der dreiköpfige Unterarmstrecker *(m. triceps brachii)* gedehnt. Der Bizeps arbeitet hierbei als Synergist, der Trizeps als Antagonist. Bei jeder Bewegung kommen Synergisten und

Antagonisten zum Einsatz, wobei nur ihre optimale Abstimmung eine abgerundete Bewegung ergibt (Bewegungspräzision). Wie das Beispiel der Kniebeuge zeigt, wo Gesäßmuskel, vorderer Oberschenkelmuskel und Wadenmuskel eine sogenannte Muskelschlinge (Streckschlinge) bilden, können Muskeln auch über mehrere Gelenke hinweg funktional zusammenwirken.
Die **intramuskuläre Koordination** stellt das Zusammenspiel von Zentralnervensystem (ZNS) und Muskulatur dar. Da die Reizschwelle der einzelnen motorischen Einheiten sehr unterschiedlich ist, werden je nach Bewegung unterschiedlich viele motorische Einheiten aktiviert (Rekrutierungsmuster).

Motorische Grundeigenschaften bezeichnet man als Fähigkeiten. Genetisch angelegt sind die konditionellen Fähigkeiten Ausdauer, Schnelligkeit, Kraft und Beweglichkeit. BLUME stellt diesen konditionellen Fähigkeiten sieben eng miteinander verknüpfte **koordinative Fähigkeiten** gegenüber, welche die Basis für eine Vielzahl von Bewegungen bilden:

- **Kopplungsfähigkeit:** Darunter versteht man die zeitliche und räumliche Koordination von Körperpartien (z. B. muss der Beinschlag beim Delfinschwimmen zum richtigen Zeitpunkt erfolgen, damit der Impuls auf die Überwasserphase der Arme übertragen werden kann).
- **Differenzierungsfähigkeit:** Damit wird die Fähigkeit bezeichnet, Bewegungen auf deren Genauigkeit und Ökonomie hin zu kontrollieren. So werden beim motorischen Lernen Bewegungen mit stetig abnehmendem Muskeleinsatz bewerkstelligt und die Schwerkraft und Schwungelemente zur Unterstützung miteinbezogen.
- **Gleichgewichtsfähigkeit:** Das Aufrechterhalten oder die Wiederherstellung des Gleichgewichts spielt z. B. beim Turnen oder in Zweikämpfen (Ballsportarten) eine Rolle.
- **Rhythmisierungsfähigkeit:** Es kann manchmal sinnvoll sein, seine Bewegungen an einen von außen vorgegebenen Rhythmus anzupassen (z. B. beim Rudern an den des Schlagmanns oder beim Tanzen an den der Musik). In anderen Fällen dagegen ist das Aufrechterhalten eines eigenen Rhythmus sinnvoll (z. B. Atmung beim Laufen).
- **Umstellungsfähigkeit:** In vielen Sportarten muss die geplante Bewegung kurzfristig umgestellt werden, beispielsweise als Reaktion auf das Fintieren des Gegners oder aber wenn man erkennt, dass die eigene Aktion so nicht erfolgreich sein kann (im Volleyball z. B. sehr gut gestellter Block gegen einen Schmetterschlag, sodass auf einen Lob ausgewichen werden muss, der seinerseits die Umstellungsfähigkeit der Blockenden herausfordert).

- **Orientierungsfähigkeit:** Darunter versteht man die Fähigkeit zur Kontrolle der Körperposition im Raum oder im Verhältnis zu einem anderen Objekt. So muss z. B. der Stürmer im Fußball einen guten Spielüberblick haben und bei einem möglichen Anspiel gleichzeitig seine eigene Position, die seiner Mitspieler und vor allem die der Abwehrspieler (Abseits) erfassen, um eine gute Torchance zu schaffen.
- **Reaktionsfähigkeit:** Damit werden die schnellen, zielspezifischen Bewegungen auf äußere Signale (Startschuss) oder vorausgegangene Bewegungen (z. B. Ballabwehr des Torwarts, Angriffsabwehr beim Fechten) verstanden.

Von den koordinativen Fähigkeiten sind die koordinativen Fertigkeiten zu unterscheiden, welche sich auf konkrete Bewegungen beziehen.

Konditionelle Fähigkeiten	Koordinative Fähigkeiten	Elementare Fertigkeiten	Koordinative Fertigkeiten
Kraft Ausdauer Schnelligkeit Beweglichkeit	Orientierungsfähigkeit Kopplungsfähigkeit Differenzierungs-fähigkeit Gleichgewichtsfähigkeit Reaktionsfähigkeit Umstellungsfähigkeit Rhythmisierungs-fähigkeit	Laufen Springen Werfen	Sprint Korbleger Sprungwurf

Tab. 1: Fähigkeiten und Fertigkeiten

NEUMEIER entwickelte ein Modell, bei dem für jede Sportart ein eigenes Anforderungsprofil erstellt werden kann. Dafür werden die Informationsanforderungen (optisch, akustisch, kinästhetisch, taktil und statico-dynamisch) und Druckbedingungen (Situations-, Komplexitäts-, Zeit-, Präzisions- und Belastungsdruck) als Komponenten isoliert und in Form von Reglern dargestellt, woher auch der Name **Koordinations-Anforderungs-Regler-Modell** (KAR-Modell) stammt. Indem man die einzelnen Regler auf verschiedenste Weise verschiebt (z. B. können die optischen Informationsanforderungen variiert werden, indem bei unterschiedlichen Lichtverhältnissen, mit Sonnenbrille oder gar Scheuklappen geübt wird), erhofft man sich, Hinweise für das Bewegungslernen zu erhalten.

3 Lernphasen

Wie eine Bewegungsaufgabe gelöst wird, hängt von der Motivation, der Veranlagung, dem Lernstadium und den situativen Gegebenheiten ab.

- Je nach Ausgangslage liegt vor der Durchführung einer Bewegung ein mehr oder weniger großes und stabiles **Bewegungsmuster** (= Sollwert) im Langzeitgedächtnis vor und der Sportler selektiert dementsprechend seine Aufmerksamkeit. Hierbei können als Fehlerquellen eine falsche Vorstellung, eine falsche Reduzierung oder eine nicht ausreichende Abstrahierung der Bewegung auftreten.
- Nach der Bewegung kann es aufgrund einer falschen **Beurteilung** der Bewegungsausführung zu Fehlern kommen, etwa weil die eigene Körperwahrnehmung schlecht ausgebildet ist. Es kann auch sein, dass ein Trainer sein Feedback ungenau, unangepasst oder unangemessen formuliert oder die Rückmeldung aus semantischen Gründen nicht richtig wahrgenommen wird.

Bewegungslernen heißt in erster Linie Wiederholung oder Übung. Wenn der Zeitraum, der vergeht, bis man von Feinkoordination und mehr sprechen kann, relativ kurz ist, spricht man von **Talent**.

Grundsätzlich werden beim Bewegungslernen drei Phasen unterschieden (nach MEINEL/SCHNABEL):

- **Grobkoordination** (1. Lernphase): In dieser Phase ist die Bewegung nur unter günstigen Bedingungen ausführbar. Der Bewegungsfluss ist plump, der Krafteinsatz falsch koordiniert, die Bewegung unpräzise und nicht konstant reproduzierbar. Der Sportler hat zwar eine äußere Vorstellung von der Bewegung, die innere Repräsentation ist jedoch noch nicht ausgeprägt. Zudem sind Aufmerksamkeit und Wahrnehmung noch so unstrukturiert, dass wichtige Einzelheiten nicht selektiert werden können. Aus all diesen Faktoren ergibt sich, dass die Leistung in der Phase der Grobkoordination gering ist.
- **Feinkoordination** (2. Lernphase): In dieser Phase kann die Bewegung fehlerfrei ausgeführt werden, sofern die Bedingungen stimmen. Die Bewegung sieht flüssig aus und das Timing ist korrekt. Bewegungsfluss und -kopplung sind angemessen und die Krafteinsätze aufeinander abgestimmt. Der Verkrampftheit ist ein ökonomischer Krafteinsatz gewichen, sodass die Bewegung geschmeidiger aussieht. Die körpereigenen Empfindungen können zur Korrektur herangezogen werden, da die innere Repräsentation entwickelt ist und eine gute eigene Körperwahrnehmung vorliegt. Wahrnehmung und Aufmerksamkeit sind sinnvoll ausgerichtet und die Vielzahl der Sinneseindrücke kann zweckmäßig reduziert werden.

- **Stabilisierung der Feinkoordination** und **variable Verfügbarkeit** (3. Lernphase): Die Bewegung kann in dieser Phase auch unter ungewohnten oder sehr schwierigen Bedingungen erfolgreich ausgeführt werden. Der Sportler ist in der Lage, die Bewegung zu variieren, anzupassen oder zu übertragen. Die innere Repräsentation ist hoch entwickelt. Körpereigene Rückmeldungen werden sehr sensibel wahrgenommen und richtig eingeordnet. Die Bewegung ist automatisiert, sodass Wahrnehmung und Aufmerksamkeit von der Bewegung abrücken und sich auf die Situation richten können.

4 Lernmethoden

Beim Lehren einer Bewegung muss eine Entscheidung über die Struktur des Lernprozesses getroffen werden. Dabei lassen sich je nach motorischem Niveau der Lernenden und Komplexität der Bewegung zwei grundsätzliche Methoden differenzieren, die Ganzheits- und die Teillernmethode:

- **Ganzheitsmethode:** Eine einfache Bewegung kann von motorisch versierten Lernenden praktisch sofort angemessen koordiniert ausgeführt werden. Nichtsdestotrotz können eventuell die Ausgangsbedingungen erleichtert werden, indem z. B. Elemente der Sportspiele zunächst ohne Gegner geübt werden **(Prinzip der verminderten Lernhilfen)**. Genauso kann auch auf Bewegungen zurückgegriffen werden, die der Lernende bereits kennt, und sich von dort aus an die Zielbewegung herangetastet werden **(Prinzip der graduellen Annäherung)**.
- **Teillernmethode:** Ist eine Bewegung komplex oder das motorische Niveau der Lernenden niedrig, kann es sich anbieten, die einzelnen Teile zunächst isoliert zu trainieren **(Prinzip der Aufgliederung in funktionelle Teileinheiten)** oder erst nach und nach immer mehr Phasen der Zielbewegung aufzunehmen. Folgt man der Phasenanalyse nach MEINEL, sollte die Hauptphase erst erlernt werden, sobald die Vorbereitungsphase auf einem bestimmten motorischen Niveau beherrscht wird. GÖHNER hingegen stellt die eigentliche Lösung der Bewegungsaufgabe in den Mittelpunkt und behauptet, dass diese funktional unabhängig ist – also praktisch isoliert geübt werden kann – und am Anfang des Lernprozesses stehen soll.

Ziele, Inhalte und Methoden stehen im Training in einer starken Wechselwirkung zueinander, wobei die Methodik meistens die dominante Stelle einnimmt. Ein guter Trainer zeichnet sich dadurch aus, dass er kein starres Konzept hat, sondern in der Lage ist, zwischen der Ganzheits- und der Teillernmethode umzuschalten, je nach Bewegung, die erlernt werden soll, und unter Berücksichtigung des Lernenden. Dazu trägt auch ein breites Repertoire an methodischen Übungsreihen bei, die je nach Situation angepasst werden können.

Methodische Übungsreihen sind Abfolgen von Übungen, die nach methodischen Prinzipien aufgebaut sind (s. oben unter Ganzheitsmethode und Teillernmethode) und auf klassischen Grundsätzen wie „vom Bekannten zum Unbekannten" oder „vom Einfachen zum Komplexen" basieren.

Beim **Differenziellen Lernen** (SCHÖLLHORN) geht es im Wesentlichen darum, dass die Perfektionierung einer Bewegung nicht durch stoisches Verfolgen eines Bewegungsideals erfolgen soll. Vielmehr werden die im Übungsverlauf natürlich auftretenden Abweichungen zwischen verschiedenen Bewegungsausführungen (Differenzen) als notwendige Fluktuation auf dem Weg zur individuellen Bewegungsoptimierung interpretiert: Denn dadurch lernt der Sportler, adäquat auf verschiedene Gegebenheiten zu reagieren. Je stärker die Abweichungen von den Standardbedingungen sind (SCHÖLLHORN spricht hier von „Rauschen"), desto mehr Informationen sammelt der Sportler und desto komplexer und schneller sind seine Bewegungslösungen.

5 Feedback

Unter **Feedback** versteht man sensorisch aufgenommene und bewegungsbezogene Informationen, die dem Sportler während oder aber auch erst nach einer Bewegungsausführung zur Verfügung stehen.

Feedback ist eine wichtige Lernvariable, die sich zunächst in zwei Kategorien einteilen lässt:

Intrinsisch	Extrinsisch
Selbstwahrnehmung Kinästhesie, Bewegungsgefühl Visuelle, akustische Meldungen	Externe Quellen Verbal/nonverbal Qualitativ/quantitativ

Tab. 2: Intrinsisches vs. extrinsisches Feedback

Beim extrinsischen Feedback lassen sich zwei Arten unterscheiden:

- Rückmeldungen zum Bewegungsergebnis (Knowledge of Results / KR)
- Rückmeldungen zur Bewegungsausführung (Knowledge of Performance / KP)

Ziel der Rückmeldungen ist es, die Bewegung künftig zu verbessern. Es stellt sich dabei die Frage, wie oft, wann, wie präzise und auf welche Weise Feedback gegeben werden soll, insbesondere zur Bewegungsausführung (KP).

- **Wie oft?**
  Je niedriger das Lernniveau, desto häufiger sollte eine KP-Gabe erfolgen. Dies gilt insbesondere dann, wenn die Ausführung stark von der angestrebten Bewegung abweicht. Aber selbst in der Lernphase der Grobkoordination sollte ein KP nicht immer, sondern nur nach jedem zweiten oder dritten Versuch gegeben werden. Sobald der interne Wahrnehmungsmechanismus besser entwickelt ist, kann die KP-Gabe seltener werden. Die Frequenz hängt außerdem von der Schwierigkeit der Übung ab.
- **Wann?**
  Das Prä-KP-Intervall, also der Zeitraum zwischen Bewegungsausführung und Feedback, sollte am besten so groß sein, dass der Sportler zunächst seine eigenen Eindrücke von der Bewegung verarbeiten kann. Das Post-KP-Intervall, also der Zeitraum zwischen Rückmeldung und erneuter Ausführung, sollte wiederum nicht zu groß sein, damit die KP-Gabe noch umgesetzt werden kann. Allerdings ist zu beachten, dass bei komplexeren Übungen mehr Zeit benötigt wird, um sich mental auf den nächsten Versuch vorbereiten zu können.

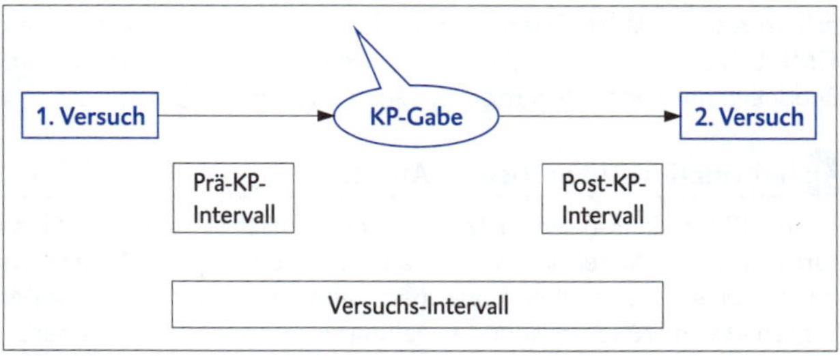

Abb. 5: KP-Gabe

Bei Rückmeldungen spielt auch die Gruppengröße eine Rolle, da langes Anstehen in einer großen Lerngruppe, etwa einer kompletten Schulklasse, sinnvolles Üben mit Feedback ausschließt.

- **Wie präzise?**
  Die inhaltliche Gestaltung einer Rückmeldung hängt von deren Verarbeitbarkeit sowie dem Lernniveau und dem kognitiven Vermögen des Lernenden ab. Im Anfängerbereich oder in der Schule sind qualitative Aussagen wie „größer!" oder „höher!" ausreichend. Je ausdifferenzierter das motorische und kognitive Niveau sind, desto präziser kann auch eine quantitative Aussage werden: „Um 5 Grad größerer Winkel!" oder „2 cm weniger!". So ist etwa der Basketball-Star Dirk Nowitzki in der Lage, seine Würfe aufs Grad genau anzupassen.
- **Auf welche Weise?**
  Das Feedback kann verbal, grafisch oder optisch erfolgen. Bei einer Videoanalyse ist es notwendig, nicht nur die Bewegung des Trainierenden, sondern auch eine sehr gute Ausführung (Lehrfilm) zu präsentieren, damit nicht nur der Ist-Wert aufgezeigt wird, sondern auch ein Soll-Wert.

Generell lässt sich sagen, dass die KP-Gabe in Bezug auf Genauigkeit und Modalität (Vermittlungsweise) sowohl der Bewegung als auch dem Alter und dem Lernniveau des Sportlers angepasst sein sollte.

4 Modelle der Bewegungssteuerung

Mithilfe verschiedener Modelle wird versucht, die Steuerung von Bewegungen zu erklären. Zu den Modellen mit informationstheoretischem Ansatz zählen Open-loop- und Closed-loop-Theorien sowie die GMP-Schema-Theorie, während die ökologische Aktionstheorie den Modellen mit systemdynamischem Ansatz zuzurechnen ist.

1 Informationstheoretischer Ansatz

In den 1970er-Jahren reduzierte man den Menschen sehr oft auf ein informationsverarbeitendes System. Zur Beschreibung der Mechanismen beim Lernen wurden daher Begrifflichkeiten aus der Kybernetik (Wissenschaft von Steuerungs- und Regelungsvorgängen) übernommen.

- **Open-loop-Theorien** gehen davon aus, dass eine Bewegung, einmal in Gang gesetzt, nicht mehr gestoppt oder verändert werden kann. Erst nach der Bewegungshandlung ist eine Beurteilung der Bewegung, also ein Vergleich mit einem Sollwert, möglich. Betroffen sind sehr schnelle Bewegungen (kürzer als ca. 200 ms) (z. B. Fintieren: Dauer ca. 70 ms, Gerade beim Boxen: Dauer ca. 40 ms).

- Bei **Closed-loop-Theorien** wird hingegen ein System vorausgesetzt, in dem mittels Regelkreisen eine Kontrolle während der Bewegung möglich ist. Diese Regelung kann dabei unbewusst, also reflektorisch, oder bewusst ablaufen. Aufgrund der Zeit, die für das Rückmeldesystem notwendig ist, können mit diesen Theorien nur die Bewegungen erklärt werden, die länger als 200 ms dauern (z. B. Aufschlag beim Tennis).
- ADAMS unterteilt die Bewegung in zwei Phasen, wobei die erste Open-loop- und die zweite Closed-loop-gesteuert ist **(Zwei-Phasen-Theorie)**. Die erste Phase dient dazu, eine Bewegung zu initiieren. Dies geschieht mithilfe der sogenannten Gedächtnisspur, die einfache motorische Programme enthält. Die zweite Phase ist dann von der sogenannten Wahrnehmungsspur geprägt. ADAMS geht davon aus, dass jede Bewegung über den Weg der Sinneseindrücke eine interne Repräsentation hinterlässt. Diese Wahrnehmungsspur bildet den Referenzwert, an dem eine neue Bewegung noch im Verlauf bewertet werden kann. Dieser permanente Soll-Ist-Wert-Vergleich bildet die Grundlage für den Fehlererkennungsmechanismus. Somit kann motorisches Lernen als Verbesserung der Wahrnehmungsspur bezeichnet werden. Ausgehend von dieser Theorie kann eine falsche Bewegungsausführung zwei mögliche Fehler als Ursache haben: eine falsche Auswahl der Gedächtnisspur oder ein Fehler in der Wahrnehmungsspur.
  Die Kritik an der Theorie von ADAMS besteht vor allem darin, dass er die beiden Spuren als völlig unabhängig voneinander beschreibt, dass die Feedbackauswertung zu große Bedeutung hat und dass es zu einer sehr großen Fülle an Informationen kommen muss, da jede Bewegung eine eigene Spur hinterlässt.

Als Antwort auf die Kritik an den reinen, isoliert betrachteten Open-loop- und Closed-loop-Theorien entwickelten SCHNABEL und SCHMIDT Modelle, in denen sowohl Steuerungs- als auch Regelprozesse berücksichtigt sind.

- Nach dem **Regelkreismodell** von SCHNABEL wird eine Bewegung zwar vorgesteuert, im Verlauf aber permanent geregelt. Das Handlungsziel fungiert dabei als Kontrollinstanz. Charakteristisch für das Regelkreismodell ist die Unterscheidung eines inneren und eines äußeren Regelkreises.

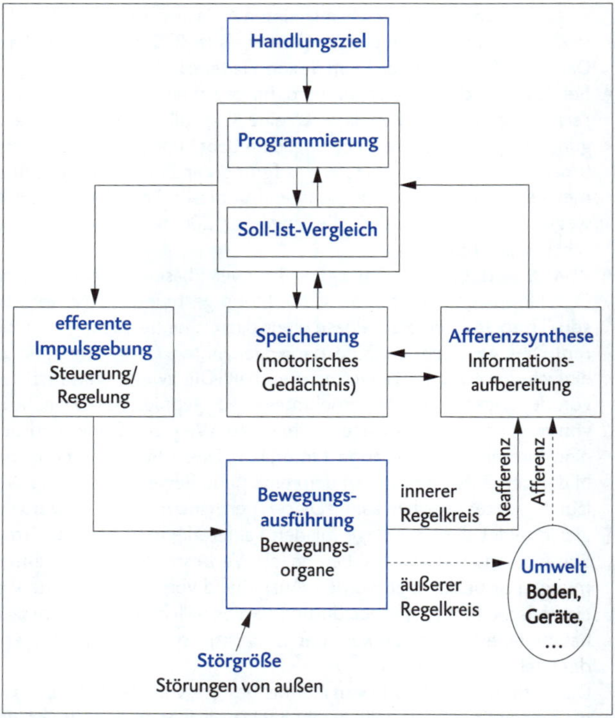

Abb. 6: Regelkreismodell (nach SCHNABEL)

- SCHMIDT griff für sein Modell die motorischen Programme der Open-loop-Theorien auf. Während dort aber davon ausgegangen wird, dass jede Bewegung in allen Details in einem Programm abgebildet ist und als Ganzes abgerufen wird, vertritt SCHMIDT die Ansicht, dass ein solches Programm, er bezeichnet es als generalisiertes motorisches Programm (GMP), nur für ganze Bewegungsklassen vorliegt und dass es für eine Realisierung variable Parameter benötigt.

Ein **generalisiertes motorisches Programm (GMP)** ist eine Bewegungsvorlage mit bestimmten invarianten Bestandteilen, das in der konkreten Bewegungsausführung mit variablen Parametern kombiniert wird.

Die invarianten Parameter können nur in ihrer Gesamtheit unter Wahrung der Proportionalität verändert, das heißt gestaucht oder gedehnt werden (Gestalt-Konstanz).

Abb. 7: GMP-Theorie nach SCHMIDT

Den zweiten Pfeiler der Theorie von SCHMIDT bildet das Konzept des Schemas. Danach werden ab der zweiten Durchführung eines GMP zwei Strukturen im motorischen Gedächtnis aktiviert: das Recall-Schema (Erinnerungs-Schema) und das Recognition-Schema (Wiedererkennungs-Schema).

Das **Recall-Schema** enthält Informationen zu der Beziehung der Ausgangsbedingungen, den Parametern des GMP und den Ergebnissen. Zusätzlich zum GMP für die Bewegungsklasse Werfen enthält das Schema also auch Informationen zu Ballgröße, Wurfstärke, Wind, Zielgenauigkeit usw. und zu deren Auswirkungen auf die gesamte Bewegung. Je geübter der Werfer nun ist, desto mehr Bewegungsvarianten kennt er und desto unberechenbarer, genauer oder härter kann er mit den unterschiedlichsten Bällen werfen.

Das **Recognition-Schema** beinhaltet insbesondere Informationen zu den sensorischen Konsequenzen, die abhängig von den jeweiligen Ausgangsbedingungen zu erwarten sind. Charakteristisch für dieses Schema ist also die Bewegungskontrolle, die während und nach einer Bewegung erfolgt und die es erlaubt, die sensorischen Konsequenzen bei einer erneuten Durchführung einer Bewegung vorzufühlen.

Die Schema-Theorie beinhaltet demnach zwei Instanzen, die eine für die Auslösung einer Bewegung, die andere für die Bewertung. Als möglicher Fehler für eine falsche oder schlechte Bewegung kann daher die Auswahl oder die Ausführung des Programms gelten.

2 Systemdynamischer Ansatz

Bei Modellen mit systemdynamischem Ansatz wird die Bewegung ganzheitlich als Auseinandersetzung mit der Umwelt und den sozialen Faktoren des Menschen betrachtet. Kontrolle und Steuerung der Bewegungen sind demnach Ergebnis der Interaktion zwischen Körper und Umwelt. Bei den Modellen mit systemdynamischem Ansatz gibt es im Unterschied zu den Modellen mit informationstheoretischem Ansatz keine gespeicherten und zentral regulierten oder kontrollierten Bewegungen.

GIBSON betont in seinem **ökologischen Aktionsmodell** den Aspekt der Umwelt, indem er die Informationen, die über die Wahrnehmung aufgenommen werden, und nicht das Gehirn als den zentralen Teil bei der Kontrolle und Steuerung einer Bewegung ansieht. D. h., es ist entscheidend, wie die Dinge vom Einzelnen wahrgenommen werden, und nicht, welche physikalische Rolle sie haben.

Der ökologische Ansatz mag wenig konkret erscheinen, dennoch erlaubt er, einige sinnvolle Schlüsse für den motorischen Lernprozess zu ziehen (nach FIKUS):

- Beim Bewegungslernen sollen ganzheitliche Anweisungen gegeben werden, die vor allem die Wahrnehmungsprozesse betreffen. So könnte die Instruktion für die Streckung beim Kraulschwimmen zu Beginn des Zuges lauten: „Stell dir vor, du müsstest den höchsten Punkt an der Wand berühren, den du ohne zu springen erreichen kannst.“

- Das intrinsische Feedback soll immer wieder bewusst wahrgenommen und vom Trainer eingefordert werden, damit dessen Qualität steigt.
- Das isolierte Einstudieren von bestimmten Bewegungen und der Vergleich mit scheinbar idealen Bewegungen sollen in den Hintergrund treten. Vielmehr soll mehr Wert auf spielnahe und variable Übungssituationen gelegt werden.
- Vom Trainer wird große Empathie verlangt. Je besser seine Fähigkeit ist, sich in die Welt der Übenden hineinzudenken, desto angemessener werden seine Anweisungen und Korrekturen sein.

Sportbiologie

In der Sportbiologie geht es in erster Linie um die Wechselwirkungen von Sport und menschlichem Organismus. Im Zentrum stehen also die Voraussetzungen für sportliche Leistungen und die Anpassungserscheinungen, zu denen es infolge sportlichen Trainings kommt.

Die beiden großen Teilbereiche, die für die Sportbiologie eine besondere Rolle spielen, sind die Anatomie und die Physiologie.

- Die **Anatomie** ist die Lehre vom Aufbau eines Organismus. Sie wird unterschieden in die makroskopische Anatomie, die sich mit all den Strukturen befasst, die mit dem bloßen Auge erkennbar sind, und in die mikroskopische Anatomie (Histologie), die sich mit den übrigen Strukturen befasst.
- Die **Physiologie** ist die Lehre von den physikalischen und biochemischen Vorgängen im lebenden Organismus. In ihren Bereich fällt unter anderem die Beschäftigung mit dem Energiestoffwechsel und mit der Hormonregulation.

5 Haltungs- und Bewegungsapparat

Beim Haltungs- und Bewegungsapparat wird zwischen einem passiven und einem aktiven Teil unterschieden.

- Der **passive Haltungs- und Bewegungsapparat** wird aus den Körperteilen gebildet, die bewegt werden, in erster Linie also aus dem Skelett mit seinen aus Gewebe bestehenden Knochen, Bändern und Knorpeln.
- Den **aktiven Bewegungsapparat** bilden die Muskeln, die sich in die glatte und die quergestreifte Muskulatur teilen. Die glatte Muskulatur ist für die unwillkürlichen Bewegungen zuständig, die quergestreifte für die willentlich gesteuerten. Die Herzmuskulatur, die häufig der quergestreiften Muskulatur zugeordnet wird, hat Eigenschaften beider Muskulaturarten.

Sowohl Knochen, Bänder, Sehnen und Knorpel als auch Muskeln bestehen aus **Bindegewebe**, das somit eine zentrale Rolle im Körper spielt. Das Bindegewebe wird aus zwei Arten von Fasertypen gebildet, den Kollagenfasern (wozu auch die sogenannten Gitterfasern gehören) und den elastischen Fasern.

Bindegewebe

Kollagenfasern
- in fast jedem Bindegewebstyp
- besonders vertreten: z. B. in Bändern, Sehnen, Knorpel
- kaum dehnbar
- anpassungsfähig bei

Elastische Fasern
- in fast jedem Bindegewebstyp
- besonders vertreten: z. B. in Lunge, Haut, Arterien
- gut dehnbar
- Elastizität trainierbar
- im Alter: nachlassend

Abb. 8: Bindegewebe

1 Knochen

Die **Knochen** bilden das Skelett des Körpers. Zu den wichtigsten Knochenformen zählen:
- Röhrenknochen (z. B. Oberschenkelknochen, Oberarmknochen, Schienbein)
- platte Knochen (z. B. Schulterblatt, Becken)
- kurze Knochen (z. B. Mittelhandknochen, Mittelfußknochen)

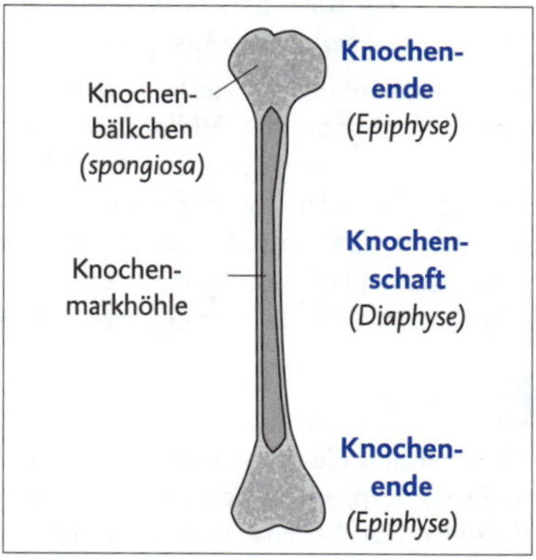

Abb. 9: Röhrenknochen

Das **Knochengewebe** befindet sich im ständigen Auf- und Abbau, daher kann es sich sehr gut sportlichen Belastungen anpassen. Die Anpassung erfolgt insbesondere durch Verstärkung der inneren Strukturen (Knochenbälkchen) und eine Verdickung der Knochenrinde. Aber auch die Knochenfortsätze, an denen die Muskeln angewachsen sind, werden verstärkt. So kommt es, dass Knochen mit einem Minimum an Gewicht ein Maximum an Belastungsfähigkeit erreichen. Bewegungsmangel führt zu einem Abbau der Knochensubstanz.

Die Knochen werden durch **Knorpel** ergänzt, die in hyaline Knorpel, elastische Knorpel und Faserknorpel unterteilt werden.

- Für den Sportler ist der **hyaline Knorpel** von besonderer Bedeutung, da er für reibungslose Gelenkbewegungen sorgt. Er überzieht die Gelenkflächen und ist somit großen Druckbelastungen ausgeliefert. Bei kontinuierlicher Belastung nimmt er an Dicke zu, sodass er den Belastungen besser widerstehen und mehr Synovialflüssigkeit (Gelenkschmiere) aufnehmen kann.
- Aus **Faserknorpel** bestehen z. B. Menisken und Disken. Dieser dient dem Ausgleich unterschiedlicher Knochenformen (flaches Schienbeinplateau und runder Oberschenkelknochen) und der Abfederung der auftretenden Belastungen.
- Der **elastische Knorpel**, der z. B. in der Ohrmuschel vorkommt, spielt für den Sport kaum eine Rolle.

2 Bänder und Sehnen

Während **Bänder** Knochen miteinander verbinden, bilden **Sehnen** die Verknüpfung zwischen Muskeln und Knochen.

Sehnen bestehen aus vielen parallel verlaufenden Kollagenfasern und einer sie umgebenden Hülle. Lange Sehnen sind zusätzlich mit einer Sehnenscheide umgeben, die der Führung dient. Der Gleitspalt ist mit einer speziellen Flüssigkeit (Synovia) gefüllt. Sehnen sind nicht durchblutet und werden durch Diffusion mit Nährstoffen versorgt, was ihre Anpassungsfähigkeit verzögert. Ihre Adaptation erfolgt durch eine Querschnittszunahme, die eine erhöhte Zug- und Rissfestigkeit bedeutet.

3 Muskeln

Muskeln sind die für eine Bewegung notwendigen kontraktilen Elemente. Es wird unterschieden zwischen der **quergestreiften Muskulatur** (Skelettmuskulatur) – sie hat ihren Namen aufgrund der charakteristischen Querstreifen, die sich unter dem Mikroskop erkennen lassen –, die nur willkürlich angesteuert werden kann, und der **glatten Muskulatur**, die für unwillkürliche Bewegungen zuständig ist. Letztere findet sich bei bestimmten Gefäßen und inneren Organen, wie z. B. dem Darm. Darüber hinaus gibt es einen dritten Muskeltypus, der eine Mischform aus den beiden anderen darstellt: die **Herzmuskulatur**.

Muskeln können mehrere Ursprünge (Köpfe) haben, was sich in ihrem Namen widerspiegelt: So hat der Wadenmuskel *(m. triceps surae)* drei Köpfe, der Oberschenkelstrecker vier *(m. quadriceps femoris)*.

Außerdem unterscheiden sich die Muskeln in der Anzahl der Gelenke, die sie übergreifen. Während z. B. der Armbeuger *(m. biceps brachii)* ein einziges Gelenk bewegt, hat die ischiocrurale Muskulatur auf der Oberschenkelrückseite gleichzeitig auf die Hüfte eine streckende und auf das Knie eine beugende Funktion.

Die kinematischen (von außen erkennbaren) Bewegungsmerkmale ergeben sich aus der **Kontraktion** von Muskeln.

Der Reiz einer Kontraktion hat seinen Ursprung in bestimmten Zellen des zentralen Nervensystems. Von dort wird er zu den motorischen Vorderhornzellen im Rückenmark weitergeleitet, wo zusätzliche Informationen aus anderen Teilen des Nervensystems, vor allem aus der Peripherie, eintreffen. Schließlich geht der Reiz über efferente Nervenbahnen zum Muskel, während gleichzeitig über afferente Nervenbahnen Signale der Endorgane zum zentralen Nervensystem zurückkehren. Die Reizübertragung vom Nerv in den Muskel erfolgt über die sogenannten **motorischen Einheiten**, die jeweils aus einem α-Motoneuron und den von ihm innervierten Muskelfasern bestehen. Je feiner die Bewegung ist, die durchgeführt werden können muss, desto weniger Muskelfasern gehören zu einer motorischen Einheit. So sind z. B. am Auge nur wenige Muskelfasern (ca. 100–300) von einem α-Motoneuron innerviert, während bei der Beinmuskulatur an die 2000 Muskelfasern eingebunden sind. Da bei exzentrischen Bewegungen (Verlängerung/ Dehnung des Muskels) weniger motorische Einheiten angesprochen werden als bei isometrischen oder konzentrischen und somit die einzelnen Muskelfasern einer höheren Belastung ausgesetzt sind, besteht hier ein höheres Risiko eines Muskelkaters.
An den **motorischen Endplatten**, den Synapsen innerhalb der motorischen Einheiten, kommt es allerdings nur dann zu einer Erregungsübertragung, wenn die sogenannte Reizschwelle überschritten wird. Ist dies nicht der Fall (unterschwelliger Reiz), bleibt die Kontraktion aus. Je stärker der Reiz (überschwelliger Reiz) ist, desto mehr Muskelfasern werden innerviert, da jede einzelne Faser entweder ganz oder gar nicht kontrahiert (Alles-oder-nichts-Gesetz). Trifft ein geringerer Reiz den Muskel, werden nur wenige Fasern aktiviert, was dazu führt, dass die Bewegung zwar langsam ist, dafür aber länger durchgeführt werden kann. Ist der Reiz stark oder gar maximal, ist die Bewegung explosiv, führt aber auch schneller zur Ermüdung.
Je trainierter ein Sportler ist, desto besser ist seine willkürliche Aktivierungsfähigkeit (d. h. die Rekrutierung der motorischen Einheiten und somit die Kontraktionsgeschwindigkeit der Muskulatur). Eine optimale

Bewegungskoordination ermöglicht es, die Zahl der gleichzeitig aktivierten motorischen Einheiten zu erhöhen, wodurch Kraft und Schnelligkeit gesteigert werden können.

Die eigentliche Muskelkontraktion findet in den **Sarkomeren** statt. Es handelt sich hierbei um Abschnitte einer Muskelfaser, die von jeweils zwei Z-Membranen begrenzt werden. An diesen Z-Membranen, die als labilste Struktur beim Muskelkater zerstört sind, sind zum einen die dünnen Aktinfilamente verankert, zum anderen – über elastische Titinfilamente – die dickeren Myosinfilamente.

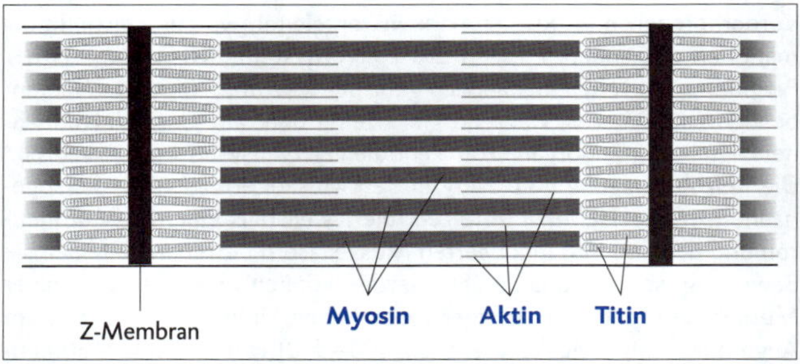

Abb. 10: Schematischer Aufbau eines Sarkomers

Zu Beginn einer Muskelkontraktion bewirken Kalzium-Ionen die Freigabe der reaktiven Teile des Aktins. Dadurch treten die kleinen Köpfchen, die auf dem Myosin aufsitzen, mit dem Aktin in Kontakt. Unter Aufbringung von Energie werden nun die Aktinfilamente eingezogen, wodurch sich die beiden Z-Membrane annähern und das Sarkomer verkürzen. Das Titin stabilisiert die kontraktilen Filamente und sorgt durch seine Elastizität dafür, dass der Muskel stets zu seiner entspannten Lage zurückkehrt. Die beschriebene Verkürzung der Muskelfaser wird als Gleit-Filament-Mechanismus bezeichnet.

Neben willkürlichen Muskelkontraktionen kann es außerdem zu unwillkürlichen kommen, den sogenannten **Reflexen**.
Der einfachste und wichtigste Reflex für die Motorik ist der monosynaptische Dehnungsreflex. Bei plötzlicher Dehnung des Muskels wird dieser von den **Muskelspindeln** ausgelöst, die parallel zu den Muskelfasern liegen und den Dehnungszustand überwachen. Unterstützt wird dieser Mechanismus von den **Golgi-Sehnenorganen**, die sich im Muskel-Sehnen-Übergang befinden und Spannungsveränderungen durch Muskelkontraktionen oder bei Dehnungen messen. Ihr Schwellenwert

liegt höher als bei der Muskelspindel, sie reagieren also erst bei größeren Veränderungen. Muskelspindel und Golgi-Sehnenorgan werden von vier Gelenkrezeptoren unterstützt, die in der Gelenkkapsel bzw. im Bandapparat liegen.
Vor explosiven Wettkampfbelastungen werden die Muskelspindeln durch ballistisches Dehnen aktiv gehalten. Langsames Dehnen vor dem Sport würde diesen sinnvollen Schutzmechanismus überlagern und nicht mehr vor Muskel- oder Sehnenverletzungen durch Anschlagskontraktionen schützen.

Wie schnell sich ein Muskel zusammenziehen kann, hängt wesentlich vom **Muskelfasertyp** ab. Der menschliche Skelettmuskel enthält zwei solche Fasertypen, die ST-Fasern (Slow-Twitch-Fasern) und die FT-Fasern (Fast-Twitch-Fasern), wobei letztere ihrerseits in unterschiedlichen Ausprägungen auftreten. Die Unterteilung der beiden Hauptfasertypen erfolgt nach:
- makro- und mikroskopischem Aufbau,
- dem Stoffwechsel,
- der Kapillarisierung,
- der Kontraktionsgeschwindigkeit,
- der Empfindlichkeit gegenüber Sauerstoffmangel.

Aus diesen Charakteristika ergeben sich unterschiedliche spezifische Leistungsfähigkeiten. In der nachfolgenden Übersicht sind die typischen Unterscheidungskriterien zusammengestellt.

ST-Fasern (= Typ-I-Fasern)	FT-Fasern (= Typ-II-Fasern)
• langsam kontrahierend • tonisch arbeitend • niedrige Zugspannung • ermüdungsresistent • Querschnitt kleinflächig • dünn • kapillarreich • hoher Myoglobingehalt • rote Faserfarbe • mitochondrienreich • stark oxidativer Stoffwechsel • gespeichert: Glykogen, Neutralfett, Enzyme der Oxidation • Innervation durch kleine α-Motoneuronen mit geringem Axondurchmesser und geringer Leitungsgeschwindigkeit	• schnell kontrahierend • phasisch arbeitend • hohe Zugspannung • schnell ermüdend • Querschnitt großflächig • dick • kapillararm • geringer Myoglobingehalt • weiße Faserfarbe • mitochondrienarm • stark glykolytischer Stoffwechsel • gespeichert: Kreatinphosphat, Glykogen, Enzyme der Glykolyse • Innervation durch große α-Motoneuronen mit großem Axondurchmesser und hoher Leitungsgeschwindigkeit

ST-Fasern (= Typ-I-Fasern)	FT-Fasern (= Typ-II-Fasern)
• wenige motorische Endplatten • niedrige Reizschwelle • Beispiel: *m. soleus* (Schollenmuskel), Bauchmuskel ⬇ Ausdauerbereich	• viele motorische Endplatten • hohe Reizschwelle • Beispiel: *m. triceps brachii* (Trizeps), Lidmuskel des Auges ⬇ Schnelligkeitsbereich

Tab. 3: ST-Fasern vs. FT-Fasern

Jeder menschliche Skelettmuskel enthält sowohl ST- als auch FT-Fasern, wenngleich je nach Muskel der eine oder andere Fasertyp dominieren kann. So enthält z. B. der Bauchmuskel, der vornehmlich Haltearbeit zu leisten hat, überwiegend ST-Fasern, während sich in der Wadenmuskulatur vorwiegend der schnellzuckende Typ befindet. Dies ist ein Grund dafür, dass man hier am ehesten zu Krämpfen neigt.
Die genaue Verteilung der Fasertypen, eine oft entscheidende Leistungsvoraussetzung für das Erreichen von Spitzenleistungen, ist primär erbbedingt vorgegeben, weshalb das Verhältnis von ST- zu FT-Fasern nach dem ersten Lebensjahr nur noch in geringem Maß verändert werden kann. So haben Untersuchungen gezeigt, dass die Muskulatur sportartspezifisch spezialisiert ist. So weisen gut trainierte Ausdauersportler (Langstreckenläufer, Radsportler) einen wesentlich höheren Prozentsatz an ST-Fasern auf als Untrainierte. Während FT-Fasern durch Training in ST-Fasern umgewandelt werden können, ist dies umgekehrt nur sehr bedingt möglich. Es gilt also die Feststellung: „Zum Sprinter muss man geboren werden."

Training hat unterschiedliche Auswirkungen auf die Muskulatur.

- Durch Krafttraining kommt es zu einer Querschnittszunahme, einer Verbesserung der Koordination (sowohl intramuskulär als auch intermuskulär) und einer Erhöhung der anaeroben Stoffwechselaktivität.
- Durch Ausdauertraining kommt es zu einer Querschnittsabnahme und durch eine Verbesserung der Durchblutung (Kapillarisierung) wird der Muskel besser mit Sauerstoff und Nährstoffen versorgt und Stoffwechselendprodukte werden besser abtransportiert. Außerdem wird der aerobe Stoffwechsel aktiviert.

Training:
• Steig. Bewk
• Gelenkh. weiter, Bänder länger

4 Gelenke

Als Gelenk bezeichnet man eine bewegliche Verbindung aus Knochen. Im einfachsten Fall besteht ein Gelenk aus zwei Knochen, von denen der eine einen Gelenkkopf, der andere eine Gelenkpfanne ausgebildet hat, die jeweils mit Gelenkknorpel überzogen sind und aufeinanderliegen. Der Spalt dazwischen ist mit Gelenkschmiere (Synovia) gefüllt. Das gesamte Gelenk ist von einer Hülle umgeben, der sogenannten Gelenkkapsel.

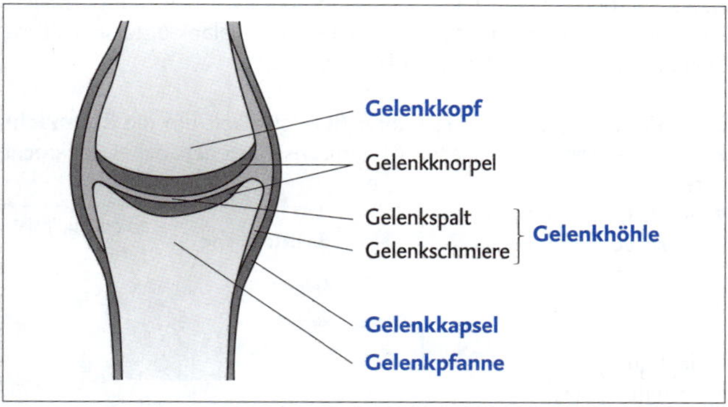

Abb. 11: Gelenk

Zum Gelenk gehören außerdem Sehnenansätze, Muskeln, Bänder und **Zwischenscheiben** (Disken, Menisken). Letztere, die sich nicht in jedem Gelenk finden, wirken Inkongruenzen zwischen den Knochen entgegen. So dienen z. B. die Menisken im Knie dazu, den runden Oberschenkelknochen und das flache Plateau des Schienbeinkopfes auszugleichen.

Ein weiterer Bestandteil eines Gelenks sind die **Schleimbeutel**, die dazu dienen, die Reibung von Sehnenansätzen zu minimieren oder als Puffer zu wirken. Schleimbeutel sind mit Synovialflüssigkeit gefüllt und sorgen so für eine gleichmäßigere Druckverteilung. Da sie hohen mechanischen Belastungen ausgesetzt sind, insbesondere im Knie und an der Schulter, können sie sich entzünden. Im Normalfall reicht eine Sportpause zur Wiederherstellung, in chronischen Fällen können Schleimbeutel aber auch operativ entfernt werden. Nichtbehandelte Schleimbeutelentzündungen können schwerwiegende Folgen haben und schlimmstenfalls zur Gelenkversteifung führen.

Eine **Sicherung** der Gelenke kann durch spezielle Ausformungen von Skelettelementen (Knochensicherung), durch Verstärkung der Kapsel (Bandsicherung) oder durch die darüber befindliche Muskulatur (Muskelsicherung) erfolgen. Alle diese Strukturen stabilisieren das Gelenk, schränken aber auch dessen Bewegung ein. Das Schultergelenk z. B., das aufgrund seiner Knochenstruktur einen breiten Bewegungsspielraum hat, besitzt einen komplexen Stabilisationsapparat aus Kapseln, Bändern und Muskeln (Rotatorenmanschette).

Häufig werden Gelenke nach ihrer Form oder ihrer Bewegung bezeichnet. Dann existieren aber für ein und dasselbe Gelenk unterschiedliche Benennungen, z. B. Zapfen- oder Drehgelenk.

Es ist sinnvoller, Gelenke nach ihrer Beweglichkeit um die **Raumachsen** zu differenzieren. Die drei Raumachsen stehen dabei senkrecht aufeinander:

- Sagittalachse (Tiefenachse, verläuft von vorne nach hinten)
- Transversalachse (Breitenachse, liegt quer)
- Longitudinalachse (Längsachse, verläuft von oben nach unten)

Infolgedessen spannen sich die Sagittal-, Transversal- und Frontalebene auf.

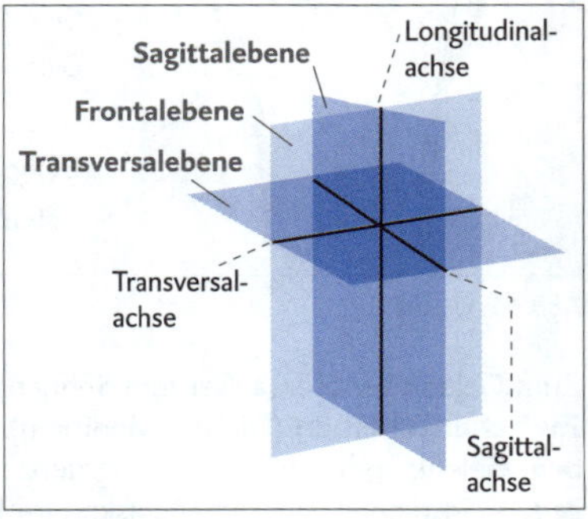

Abb. 12: Raumachsen und -ebenen

Am Schultergelenk finden sich z. B. folgende Bewegungsmöglichkeiten: In der Sagittalebene wird der Arm nach vorne (Anteversion) und nach hinten (Retroversion) geschwungen. Diese Bewegung erfolgt um die Transversalachse. Wenn der Arm seitlich abgespreizt wird (Abduktion) und wieder zum Körper herangeführt wird (Adduktion), erfolgt diese Bewegung in der Frontalebene und um die Sagittalachse. Als dritte Hauptbewegung kann der Arm nach innen oder außen gedreht werden. Dies geschieht in der Horizontalebene und um die Longitudinalachse. Komplexere Bewegungen können durch Kombination der Hauptbewegungen um drei Achsen durchgeführt werden. Armkreisen stellt z. B. eine Kombination um die Transversal- und die Sagittalachse dar.

Im Körper lassen sich nach der Anzahl der Bewegungsachsen ein-, zwei- oder dreiachsige Gelenke unterscheiden.

- Scharnier- und Zapfengelenke sind **einachsige Gelenke**. Beim Scharniergelenk ist der Gelenkkopf mehr oder weniger walzenförmig und die Gelenkpfanne gekehlt. Derartige Gelenke benötigen eine starke Bänderführung, um seitliche Bewegungen zu verhindern (Fingergelenke). Auch Zapfengelenke arbeiten nur in einer Achse. Häufig wird die Gelenkpfanne durch Bindegewebe ringförmig ergänzt (unteres Kopfgelenk).
- **Zweiachsige Gelenke** sind Ellipsoid-, Sattel- und Drehwinkelgelenke. Der Gelenkkopf des Ellipsoidgelenks ist eiförmig und sitzt in einer entsprechenden Gelenkpfanne (oberes Kopfgelenk). Das Sattelgelenk erinnert an einen Reitersattel (Handwurzel-Mittelhand-Gelenk des Daumens). Drehwinkelgelenke lassen eine Winkel- und eine Rotationsbewegung zu. So sind im Kniegelenk außer der Scharnierbewegung in Beugestellung auch Drehbewegungen möglich. Auch das Ellenbogengelenk, das aus drei miteinander verbundenen Knochen besteht, wird funktionell zu den Drehwinkelgelenken gerechnet.
- **Dreiachsige** oder auch **Kugelgelenke** erlauben Bewegungen in beliebig viele Richtungen. Sie besitzen einen kugelförmigen Gelenkkopf und eine mehr oder weniger ausgeprägte Gelenkpfanne. Umschließt die Gelenkpfanne mehr als die Hälfte des Gelenkkopfes wie beim Hüftgelenk, sodass die Beweglichkeit durch die starke Knochenführung stark eingeschränkt ist, nennt man dies Nussgelenk. Im Gegensatz dazu ist die Gelenkpfanne beim Schultergelenk sehr wenig ausgeprägt und die Beweglichkeit des Gelenks groß, weshalb hier die Muskulatur die Gelenkstabilisierung übernimmt.

Alle Gelenke lassen sich in ihrer Beweglichkeit durch entsprechendes **Training** steigern. Dabei vergrößern sich die überknorpelten Berührungsflächen, die Gelenkkapseln werden weiter und die Bänder länger. Ebenso verkürzen sich die Bänder und die Kapseln werden enger, wenn durch Ruhigstellung keine Gelenkbewegung erfolgt. Bei dauerhafter Ruhigstellung wird der Gelenkspalt sogar überwuchert und das Gelenk kann vollständig versteifen.

6 Sportverletzungen und -schäden

Sportverletzungen entstehen durch eine einmalige Gewaltanwendung, die zur Unterbrechung des dynamischen Bewegungsablaufs führt.

Grund dafür können ungenügende Vorbereitung, schlechte Technik, Überlastung, Erschöpfung, ungünstige Bodenverhältnisse, Regelmissachtung, schlechte Ausführung oder klimatische Einflüsse sein.

Sportschäden sind die Folge von chronisch einwirkenden Überlastungen oder Mikrotraumen.

Als Ursachen finden sich hohe Belastung, ungünstige Bedingungen, unphysiologische Bewegungsabläufe oder verminderte Belastbarkeit. So kann es zu einem Missverhältnis zwischen Belastbarkeit und Belastungsintensität sowie zu Dysfunktionen des Haltungs- und Bewegungsapparates kommen. Sportschäden treten häufig auch infolge von Sportverletzungen auf, sodass im konkreten Fall die Unterscheidung nicht immer gelingt.

1 Muskulatur

Muskelverletzungen sind die häufigsten Verletzungen beim Sport. Ursache können fehlerhaftes Aufwärmen oder Gegnereinwirkungen sein. Sie unterscheiden sich sehr stark hinsichtlich ihrer Schwere.

Direkte Gewalteinwirkung	Indirekte Gewalteinwirkung
Schlag gegen Muskulatur = Kontusion (Quetschung, Prellung)	starke Beschleunigungen, Anschlagskontraktionen oder konzentrische Belastungen = Zerrungen, Muskelfaserrisse, Muskelrisse

Tab. 4: Muskelverletzungen durch Gewalteinwirkung

- Ein **Muskelfaserriss** macht sich zumeist mit einem messerstichartigen Schmerz bemerkbar und bildet nach außen einen gut erkennbaren Bluterguss. Als Primärversorgung sollte nach dem Schema PECH (Pause – Eis – Compression – Hochlagern) vorgegangen werden. Nach Abheilung kommt es zu einer Narbenbildung. Der Muskel, in dem es zum Muskelfaserriss gekommen ist, sollte nicht zu früh belastet und immer wieder, auch nach ersten Belastungen, massiert werden, um Verklebungen zu vermeiden.

- **Muskelrisse** sind sehr schmerzhaft und haben ein größeres Ausmaß als Muskelfaserrisse. Der Muskel ist fühlbar unterbrochen und muss auf jeden Fall operiert werden, wenn 1/4 bis 1/3 des Muskels gerissen ist. Ansonsten ist dieselbe Primärbehandlung wie beim Muskelfaserriss anzuwenden.

Zu den **Muskelschäden** zählen Muskelkater, Muskelkrampf und Muskelverhärtungen.

- Beim **Muskelkater** kommt es aufgrund hoher oder ungewohnter Belastungen zu Rissen in den Z-Membranen, was spontan zu einer Kraftminderung führt. Da sich an den betroffenen Stellen keine sensiblen Fasern befinden, tritt zunächst kein Schmerz auf. Dieser entsteht erst am nächsten und übernächsten Tag, wenn der Gewebedruck erhöht ist, weil die Eiweißbruchstücke durch Ödemisierung (Wassereinlagerung) abtransportiert werden müssen, und die Durchblutung dadurch eingeschränkt ist. Hinzu kommt eine reflektorische Verspannung, die eine komplexe, praktisch nicht abwendbare Symptomatik erzeugt. Sanfte Massagen oder Sauna können die Schmerzen allerdings zumindest lindern.
- **Muskelkrämpfe** treten in der Regel bei Hobbysportlern auf (selten bei Hochtrainierten) und können äußerst unterschiedliche Ursachen haben.
  Die meisten Muskelkrämpfe haben ihre Ursache in einer Verschiebung der Elektrolyte Kalium, Natrium und Magnesium, also in einer Störung des Elektrolythaushalts. Hervorgerufen werden kann sie durch mangelnde Flüssigkeitszufuhr, wodurch die Viskosität (Zähigkeit) des Blutes erhöht und somit die Nährstoffversorgung der Muskulatur eingeschränkt wird. Die Elektrolytverschiebung kann aber auch auf einer metabolischen Azidose beruhen, bei der der Blut-pH-Wert ansteigt und wodurch das Blut nur noch eingeschränkt in der Lage ist, Übersäuerungen abzupuffern.
  Weitere Ursachen für Muskelkrämpfe können eine Cholinesterasehemmung (der synaptische Spalt wird nicht vollständig von anregenden Stoffen geleert) oder exogene Faktoren wie schlechte Schuhe bzw. ein harter Bodenbelag (Asphalt oder Tartan) sein.

2 Sehnen

Ein typischer Schaden im Bereich der Sehnen ist die **Sehnenscheidenentzündung**, eine mögliche Verletzung eine **Sehnenruptur**. Von Seh-

nenrupturen – das Risiko dafür steigt im Alter aufgrund des meist nachlassenden Wassergehalts im Körper – ist am häufigsten die Achillessehne betroffen. Hier ist das Sehnen-Muskel-Verhältnis (1:120) besonders ungünstig (sonst 1:30). Sehnen reißen nur, wenn Vorschädigungen (Mikroverletzungen, Überlastungen) vorliegen oder nach Cortisonbehandlungen. Wenn die Sehne reißt, ist das gut hörbar und mit Schmerz und sofortiger Funktionseinschränkung verbunden. Die Therapie erfolgt durch Ruhigstellung und eventuell einen operativen Eingriff.
Aber auch der Übergang vom Knochen zur Sehne ist häufig von Verletzungen und Schäden betroffen, da die auf diese sensible Struktur wirkenden Muskelkräfte erheblich sein können. Die hier auftretenden Störungen heißen **Enthesiopathien** bzw. **Insertionstendopathien** (Sehnenansatzreizungen). Bei einer Insertionstendopathie kommt es im Bereich der Ansatzzone der Sehne zu Mikrotraumen, die eine Abnahme der Elastizität und der Dämpfung, aber auch eine lokale Entzündung verursachen. Durch die eintretende Minderdurchblutung, den erhöhten Gewebedruck und die lokale Azidose kommt es zu Schmerzen und zu Funktionsstörungen. Häufig betroffene Stellen sind der Ellenbogen (Tennisellenbogen), die Achillessehne, das Knie oder die Schulter. Eine Insertionstendopathie kann nach einer stumpfen Verletzung oder nach akuter Überlastung auftreten, aber auch als chronischer Schaden bei längerer Fehlbelastung, weshalb in diesem Fall auch die Behandlung längerfristig anzusetzen ist und diese außer der Bekämpfung der Symptome eine Änderung der Technik beinhalten sollte. Bei akuten Insertionstendopathien hilft der Physiotherapeut durch eine Reihe von Maßnahmen (Eis, diadynamische Ströme, Interferenz, Ultraschall, Stoßwelle etc.). Bei chronischem Aufkommen muss die Stelle durchblutet werden: Iontophorese, Friktionen oder Bestrahlungen. Die früher oft gesetzte Cortisonspritze ist mittlerweile tabu, da die Gefahr von Spontanrupturen (Rissen) steigt und das Cortison langfristig kristallisiert.

3 Knorpel

Knorpel passen sich durch Verdickung und somit verbesserte Funktion an sportliche Belastungen an. Dennoch kann es durch Quetschungen oder Knochenbrüche im Gelenkbereich zu Verletzungen des Knorpels kommen, z. B. **Knorpelkontusionen** (Quetschungen) oder **Knorpelimpressionen** (Knorpel mit Knochen brechen ein), die in einen Knorpelschaden münden.

Darüber hinaus können Fehl- oder Überbeanspruchungen zu Schäden führen. Präventive Maßnahmen sind durch gezielte Ernährung, Gewichtskontrolle, geeignete Ausrüstung sowie durch spezielles Krafttraining (muskuläre Gelenkführung) möglich.

Häufig wird man sich der Knorpel erst bewusst, wenn diese abgenutzt sind, man spricht dann von **Arthrose**. Ein häufiger Knorpelschaden, der schon bei jüngeren Sportlern auftritt und unbehandelt bis zur Arthrose führen kann, ist die **Chondropathia Patellae**. Es handelt sich dabei um eine Erkrankung des Knorpels auf der Rückseite der Kniescheibe. Dort gleitet die Kniescheibe auf dem Oberschenkelknochen und bei einer schlecht trainierten Oberschenkelmuskulatur oder bei einer wenig ausgeprägten Kniescheibe kann es zu degenerativen Erscheinungen des Knorpels kommen. Der Knorpel selbst enthält keine sensiblen Nerven, sodass auftretende Schädigungen nicht wahrgenommen werden und erst die sehr sensible Knochenhaut diese Schäden signalisiert. Knorpelschäden lassen sich durch chirurgische Eingriffe in bestimmtem Maße wiederherstellen. Durch gezielte Physiotherapie, bei der der vordere Oberschenkelmuskel trainiert wird, kann einer arthrotischen Entwicklung entgegengewirkt werden. Sportarten, bei denen das Kniegelenk stark beansprucht wird (z. B. Skifahren, Fußball), sind gegebenenfalls zu reduzieren oder zu vermeiden. Schwimmen stellt stets eine sehr gelenkschonende Ausgleichssportart dar, wobei der Brustbeinschlag kontraproduktiv ist.

Empfehlung	**Zurückhaltung**	**Vermeidung**
Schwimmen (Kraul)	Tennis	Alpines Skilaufen
Wandern (Ebene)	Reiten	Bergwandern
Golf	Jogging	Squash
Skilanglauf		Badminton
Rad fahren		Fußball
Gymnastik		

Tab. 5: Sportdisziplinen bei Hüft- und Kniegelenksarthrose

4 Gelenke

Zu häufigen **Verletzungen** im Bereich der Gelenke zählen solche im Bereich der Disken (und Menisken), Schleimbeutelentzündungen, Bänderrisse, Distorsionen und Luxationen.

- **Diskusverletzungen:** Sie treten bei Beuge- oder Rotationsbelastungen mit fixiertem Fuß auf und äußern sich durch starke Schmerzen.

- **Schleimbeutelentzündung (Bursitis):** Aufgrund der intensiven Belastung der Schleimbeutel leiden oft Ringer oder Eishockeyspieler an dieser Art von Entzündungen.
- **Bänderrisse:** Die häufigste Sportverletzung ist der Riss eines oder mehrerer Außenbänder im Sprunggelenk. Diese Bänder sind sehr kurz und unflexibel, weshalb der Begriff „Bänderdehnung" irreführend ist. Anstelle einer Dehnung handelt es sich nämlich um Teilrisse. Der Sportler knickt nach außen um und empfindet sofort starke Schmerzen, die zur Aufgabe führen. Die notwendigen Röntgenaufnahmen schließen zunächst eine knöcherne Verletzung aus. Die anschließend teilweise noch immer durchgeführten „gehaltenen Aufnahmen" (das Sprunggelenk wird mit einer definierten Kraft aufgeklappt und der Winkel soll den Grad der Verletzung bestimmen) führen insbesondere bei austrainierten Sportlern häufig nicht zu einem korrekten Befund, da das Gelenk muskulär stabilisiert werden kann. Vor dem Hintergrund, dass die Therapie nicht vom Ausmaß der Verletzung abhängt und ohnehin konservativ erfolgt (ohne Operation), scheinen die gehaltenen Aufnahmen sinnlos.
- **Distorsion:** Eine schmerzhafte Überdehnung wird als Distorsion (Verstauchung) bezeichnet. In der Folge kann die Gelenkkapsel eingerissen sein oder es kommt zu Schäden am Bandapparat, am Nervengewebe oder an den Blutgefäßen.
- **Luxation:** Wenn der Gelenkschluss durch Ausrenken nicht mehr gegeben ist, spricht man von einer Luxation. Die Verletzung ist fast immer mit Bänderrissen (Kreuzband, Außenband) verbunden. Am häufigsten (über 50 %) luxiert das Schultergelenk wegen seiner sehr offenen Gelenkpfanne. Außerdem können Ellenbogen, Finger oder auch die Kniescheibe luxieren.

Gelenkverletzungen werden grundsätzlich nach der PECH-Methode erstversorgt (Pause – Eis – Compression – Hochlagern).

Degenerativen **Gelenkschäden** im Sport kann durch Ausschluss von Vorerkrankungen (Entzündungen), Training der muskulären Gelenkführung (durch Kraft-/Ausdauertraining), Verletzungsprophylaxe und durch Ernährung, Gewichtskontrolle, Ausrüstung vorgebeugt werden.

5 Aufwärmen

Aufwärmen vor einer sportlichen Belastung hilft, Verletzungen und Schäden jeder Art vorzubeugen. Je nachdem, wie die Belastung aussieht, unterscheidet sich das Aufwärmen gravierend: Ein Fünf-Stunden-Marathon-Läufer wird sich seine Kräfte einteilen wollen und das Auf-

wärmen auf den Gang zur Startlinie minimieren, während ein Sprinter für den Endlauf über 100 m 1,5 bis 2 Stunden vorher aktiv ist.
Das Aufwärmen besteht aus zwei Phasen, einem allgemeinen Teil und einem speziellen, der sportartspezifisch ist und die Intensität (moderates Training oder Sprintfinale) berücksichtigt. Außerdem hat das Aufwärmen eine psychische Komponente, denn es soll gegebenenfalls das maximale Leistungspotenzial mobilisieren.

Physiologische Prozesse durch das Aufwärmen:
- Aktivierung des kardiopulmonalen Systems
- Erhöhung der Muskel- und Körpertemperatur
- Steigerung der Sensibilität der Sinnesrezeptoren mit zunehmender Gewebetemperatur
- Steigerung der allgemeinen Durchblutung (Öffnen der Kapillaren)
- Steigerung der Gelenkkapseldurchblutung zur Optimierung der neuromuskulären Gelenkprotektion und sensomotorischen Steuerung
- Verbesserung der Pufferwirkung des Gelenkknorpels durch Aufnahme von Flüssigkeit
- Erhöhung der Dehnfähigkeit und der Elastizität der Muskeln, Sehnen und Bänder (Abnahme der Rissbereitschaft)
- Verkürzung der Diffusionsstrecken in der Muskulatur
- Beschleunigung der Informationsübermittlung
- Steigerung der koordinativen Fähigkeiten

Aufgrund dieser Veränderungen kann mit einem Aufwärmprogramm das Verletzungsrisiko vermindert werden. Werden dabei aber Fehler gemacht, kann schlimmstenfalls das Verletzungsrisiko sogar steigen: So beinhaltet der allgemeine Aufwärmteil in der Regel ein Einlaufen, wodurch das Blut vorwiegend in die Beine verlagert wird. Wenn nun aber anschließend eine Badmintoneinheit auf dem Programm steht, wo es spielbedingt auch zu maximalen Belastungen im Schultergelenk kommt, stellt sich das Einlaufen als kontraproduktiv dar.

7 Kreislaufsystem

Das Kreislaufsystem umfasst die beiden großen Bereiche Körperkreislauf und Lungenkreislauf.

- Der **Körperkreislauf** beginnt in der linken Herzkammer und endet im rechten Vorhof. Das Herz bringt das Blut durch die Arterien zu den Zielorganen, das durch die Venen wieder zu ihm zurückfließt. In den Arterien ist das Blut sauerstoffreicher als in den Venen.

- Der **Lungenkreislauf**, der dem Gasaustausch dient, beginnt in der rechten Herzkammer und endet im linken Vorhof. Kohlenstoffreiches Blut wird über die Lungenarterien zu den Lungen geführt und dort über Diffusionsvorgänge in sauerstoffreiches Blut umgewandelt.

Das Kreislaufsystem passt sich spontan den Bedürfnissen des Organismus an, indem die Herzfrequenz erhöht oder das Blut in bestimmte Körperregionen verlagert wird.

1 Herz

Beim Sporttreiben muss ein besonderes Augenmerk darauf gelegt werden, dass bei einem grippalen Infekt das Herz nicht in Mitleidenschaft gezogen wird. Ob das Herz gesund ist oder nicht, lässt sich nicht ohne Weiteres erkennen, weshalb eine jährliche sportärztliche Untersuchung notwendig ist. Besonders gefährlich ist eine **Herzmuskelentzündung**, die bei sportlichen Höchstbelastungen zum plötzlichen Herztod auch schon bei jungen Menschen führen kann. Um das Risiko weitgehend auszuschließen, sollte man während des Infekts sportabstinent bleiben und erst nach vollständiger Genesung wieder aktiv werden.

2 Blut

Etwa 6–8 % des Körpergewichts eines Erwachsenen bestehen aus Blut (5–6 l). Der flüssige Teil heißt **Plasma** und macht etwa 55 % des Volumens aus. Die übrigen 45 % sind Blutzellen und werden als **Hämatokrit** bezeichnet.
Das Blut zirkuliert im Körper in einem geschlossenen Gefäßsystem, worüber die Organe alle Stoffe erhalten, die für ihre Struktur und ihre Funktion notwendig sind, und über das sie ihre Stoffwechselendprodukte abgeben. Da die Zusammensetzung des Blutes durch die einzelnen Organe und die Stoffwechselprozesse beeinflusst wird, finden sich im Blut auch Hinweise zum funktionellen Zustand der Organe.

Das Blut hat im Wesentlichen folgende Aufgaben:

- **Transportfunktion:** Die Hauptaufgabe des Bluts besteht darin, Sauerstoff und Nährstoffe zu den Organen zu bringen und Stoffwechselzwischen- und -endprodukte (z. B. Kohlendioxid) abzutransportieren. Durch den Transport von Sauerstoff und Kohlendioxid unterstützt es somit die Atmung. Außerdem gehört auch die Beförderung weiterer körpereigener Stoffe (z. B. Hormone) zu seinen Aufgaben.

- **Homöostase:** Das Blut trägt mithilfe der im Blut in Lösung oder in kolloidaler Form (als ungelöste Teilchen) vorliegenden Elektrolyte dazu bei, dass der osmotische Druck und der pH-Wert des Blutes annähernd gleich bleiben. Auch die Körpertemperatur wird durch das Blut reguliert, indem Wärme aus stoffwechselaktiven Organen zu oberflächennahen Bereichen gebracht wird.
- **Abwehrfunktion:** Fremdkörper und Antigene werden durch das Blut abgewehrt und bekämpft. Gleichzeitig hilft es durch Blutstillung und Blutgerinnung (durch Gerinnungsfaktoren), dass bei Verletzungen die Integrität des Systems wiederhergestellt wird.

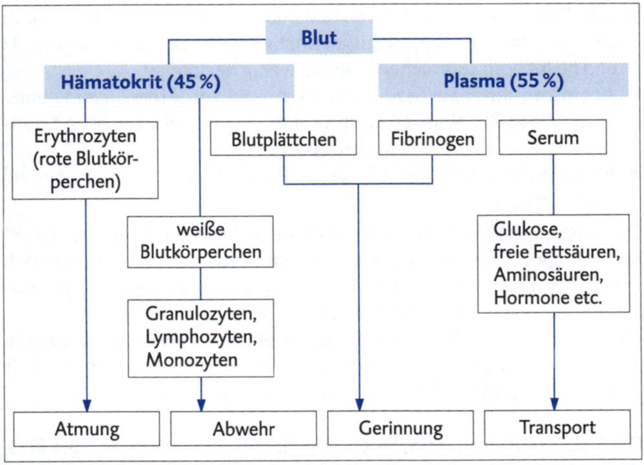

Abb. 13: Zusammensetzung und Funktionen von Blut

Seit einiger Zeit wird dem alkoholfreien Bier ein Gesundheitsversprechen zugedacht, indem es mit dem Attribut „isotonisch" belegt wird. Der Begriff bedeutet, dass es den gleichen Anteil an gelösten Stoffen enthält wie das Blut. Aus diesem Grund nahm man früher an, dass die **isotonischen Getränke** besonders schnell vom Körper aufgenommen werden können, da die enthaltenen Mineralien und Spurenelemente rasch zur Verfügung stehen. Inzwischen ist man sich darin einig, dass leicht hypertone Getränke, also Getränke, die mehr gelöste Teilchen enthalten als das Blut, schneller vom Körper aufgenommen werden. „Isotonisch" ist also eine leere Werbeformel.

3 Atmungssystem

Atmung bezeichnet die kontinuierliche Sauerstoffaufnahme und Kohlendioxidabgabe. Um Energie aus der aufgenommenen Nahrung gewinnen zu können, benötigt der Organismus Sauerstoff. Kohlendioxid entsteht bei der Oxidation der Nährstoffe. Der Gasaustausch findet im Wesentlichen in der Lunge statt.

Die Leistung des Atmungssystems ergibt sich aus den folgenden Kenngrößen:

- **Atemvolumen:** Es umfasst die in Ruhe pro Atemzug ein- und ausgeatmete Luft und beträgt ca. 0,5 l.
- **Vitalkapazität:** Darunter versteht man das Luftvolumen, das nach tiefer Einatmung maximal ausgeatmet werden kann. Es beträgt ca. 4 l und bleibt vom sportlichen Training wenig beeinflusst.
- **Atemfrequenz:** Sie bezeichnet die Anzahl von Atemzügen in einer bestimmten Zeiteinheit (meist Minute). Sie ist bei trainierten Sportlern niedriger als bei Untrainierten.
- **Atemminutenvolumen:** Es ist das Produkt aus Atemvolumen und Atemfrequenz.

Die Leistungsfähigkeit des Atmungssystems kann über den Atemstoßtest erfolgen: Es wird dabei das Lungenvolumen gemessen, das nach maximaler Einatmung innerhalb einer Sekunde ausgeatmet werden kann. Dies sollte 80 % der Vitalkapazität betragen.
Bei sportlichen Belastungen ist es stets sinnvoller, tiefer zu atmen als die Atemfrequenz zu steigern, um die Kontaktzeit des Blutes mit der Luft zu verlängern und somit den Gasaustausch zu verbessern.

Der Sauerstofftransport im Blut erfolgt über die Erythrozyten (rote Blutkörperchen), genauer gesagt über das **Hämoglobin** in den Erythrozyten, die ihnen auch ihre typische Farbe verleihen. Da die roten Blutkörperchen bzw. das Hämoglobin der limitierende Faktor für die Sauerstoffversorgung der Muskulatur sind, zielen die meisten Dopingversuche zur Verbesserung der Ausdauer auf deren Vermehrung (EPO, Blutdoping, UV-Bestrahlung, künstliches Hämoglobin).

8 Hormone

Für den geordneten Ablauf der Stoffwechselfunktionen im Körper sorgen die Hormone, biochemische Botenstoffe.

Hormone sind chemische Verbindungen, die in spezialisiertem Gewebe (Hormondrüsen) gebildet und über das Blut transportiert werden.

Gemäß ihrer chemischen Struktur werden Peptidhormone (aus Proteinen) und Steroidhormone (aus Fetten) unterschieden.

1 Rezeptoren

Hormone werden über den Blutkreislauf zu den Zielorganen transportiert, wo sie über Rezeptoren ihre Wirkung entfalten. Die Rezeptoren sind hormonspezifisch, d. h., sie reagieren nur auf bestimmte Hormone. Zellen ohne passende Rezeptoren sind von der Hormonwirkung nicht betroffen. Häufig besitzen eine Zelle bzw. ein Organ Rezeptoren für mehrere Hormone, sodass deren Stoffwechselleistung von mehreren Hormonen gesteuert werden kann. Die Zahl der Rezeptoren einer Zelle bestimmt ihre Empfindlichkeit, d. h., je mehr Rezeptoren eine Zelle hat, desto mehr Hormonmoleküle werden gebunden und desto größer ist der physiologische Effekt. Das Hormon verliert mit der Bindung an den Rezeptor seine Wirkung und wird völlig inaktiviert. Daher muss der Körper ständig neue Hormone produzieren.

2 Hormondrüsen

Die Hormone werden von bestimmten Drüsen produziert und ins Blut befördert. Wichtige **Hormondrüsen** (endokrine Drüsen) sind der Hypothalamus und die Hypophyse (Hirnanhangsdrüse), aber auch die Bauchspeicheldrüse mit den Langerhans'schen Inseln, die Nebennieren, die Schilddrüse und die Eierstöcke bzw. Hoden.
Die Hormondrüsen sind hierarchisch organisiert und der Hypothalamus nimmt zusammen mit der Hypophyse eine übergeordnete Stellung ein: Von hier wird die Hormonproduktion der übrigen endokrinen Drüsen gesteuert.

3 Funktionen

Zu den vielen Vorgängen, die Hormone im Körper steuern, zählen die Blutzellenbildung, das Wachstum und der Blutzuckerspiegel. Alle drei Mechanismen können durch Dopingmaßnahmen manipuliert werden und so die körperliche Leistungsfähigkeit verbessert werden.

- Das durch Dopingfälle bekannteste Hormon ist das **Erythropoetin** (EPO), das die Bildung roter Blutkörperchen anregt, wodurch der Sauerstofftransport verbessert wird.
- **Wachstumshormone** (HGH = Human-Growth-Hormone) hingegen erlauben durch gentechnische Manipulationen ein Ausschalten des Gens, das das Muskelwachstum begrenzt (Myostatin-Blocker).
- Auch **Insulin** steht auf der Liste der verbotenen Dopingmittel, das vor allem zur Unterstützung anderer Mittel eingesetzt wird. Bekannt ist das Hormon von der Stoffwechselkrankheit Diabetes, eine durch Insulinmangel (das Hormon Insulin wird in den Inselorganen der Bauchspeicheldrüse hergestellt) hervorgerufene Überzuckerung des Blutes. Diese kann von Geburt an bestehen (Typ 1) oder durch Bewegungsmangel und Fehlernährung provoziert sein (Typ 2).
  Um zur Leistungssteigerung den Blutzuckerspiegel zu erhöhen und den Abbau von Glykogen in der Leber zu verstärken, werden **Glucocorticosteroide**, vor allem Cortisol und Corticosteron, künstlich zugeführt. Natürlich werden sie in den Nebennieren gebildet, wo auch die Hormone Adrenalin und Noradrenalin produziert werden, die den Fettstoffwechsel unterstützen.

Generell ist das Hormonsystem eng mit der sportlichen Leistungsfähigkeit verknüpft. Denn zum einen wird die Leistungsfähigkeit stark vom Hormonhaushalt bestimmt, zum anderen verändert sich die Ausschüttung von Hormonen durch Training.

Hormone lassen sich auch nach ihrer Funktion strukturieren:

- **Hypophyseotrope Hormone** (Releasing- oder Inhibiting-Hormone): Sie werden im Hypothalamus gebildet und fördern bzw. hemmen die Freisetzung von glandotropen Hormonen.
- **Glandotrope Hormone:** Sie entstehen in der Hypophyse und wirken auf die Hormonproduktion der peripheren endokrinen Drüsen.
- **Glanduläre Hormone:** Sie entstehen vor allem in den endokrinen Drüsen und wirken direkt auf ihre Zielzellen. Dabei entsteht durch ihre Konzentration im Blut eine Rückmeldung an den Hypothalamus und damit ein Regelkreissystem.

9 Energiestoffwechsel

Es gibt drei Formen der Energiebereitstellung, die jedoch niemals isoliert in Erscheinung treten:

- anaerob-alaktazid durch ATP und KP
- anaerob mit Laktatbildung durch Glucoseabbau
- aerob durch Oxidation von Glucose und Fetten

Ausdauertraining oder Sport als Methode zur Gewichtsabnahme werden mit sehr niedrigen Intensitäten durchgeführt, da so der Organismus daran gewöhnt wird, die für den Fettstoffwechsel benötigten Enzyme in ausreichender Menge bereitzustellen. Mithilfe dieser sogenannten angepassten Enzymkinetik werden die Glykogenvorräte für Zwischen- oder Endspurts geschont bzw. können Belastungen mit einem relativ hohen Anteil an Fettstoffwechsel bewältigt werden.
Bei Spielsportarten wie z. B. Fußball kommt es wegen der ständig wechselnden Beanspruchungen durch den typischen Spielverlauf zu großen Schwankungen bei den energieliefernden Prozessen. Ein einheitliches Profil ist nicht zu beschreiben. Phasen maximaler Intensität folgen Gehpausen oder leichter Trab, wobei regeneriert werden kann. Spurts über 60–70 m können Phasen intensiver Abwehrarbeit (aggressives, laufintensives Forechecking) folgen.

1 Anaerobe Energiebereitstellung

Bei sportlicher Belastung erfolgt die erste Phase der Energiebereitstellung **anaerob-alaktazid**. Sie heißt so, weil kein Sauerstoff benötigt wird (anaerob) und keine Milchsäure (Laktat) anfällt.

- Universelle Energiequelle im Körper ist das **ATP** (Adenosintriphosphat). Durch Abspaltung von energiereichem Phosphat wird die chemische Energie in mechanische umgewandelt:

  ATP → ADP (Adenosindiphosphat) + Phosphat + Energie

  Diese Verstoffwechselung des ATP in der Muskelzelle ist immer die erste Energie liefernde Reaktion. Nach 2–3 Muskelkontraktionen ist dieser Vorrat allerdings bereits ausgeschöpft. Da der Körper aber nur ATP nutzen kann, muss dieser Stoff sehr schnell nachgeliefert werden.

- Im Muskel befindet sich dafür noch ein weiterer Energiezwischenträger, das **KP** (Kreatinphosphat). Es spaltet sein Phosphat ab und es entsteht wieder ATP aus dem ADP:

  KP + ADP → Kreatin + ATP

Die Systeme aus ATP und KP stehen praktisch sofort zur Verfügung. Zusammen reichen sie bei intensiver Belastung ca. 8–20 Sekunden.

Die weitere Energiebereitstellung erfolgt **anaerob-laktazid**. Traubenzucker (Glucose) wird mit hoher Geschwindigkeit ohne Mitwirkung von Sauerstoff zu Laktat abgebaut (= laktazide Phase).

$$1\ \text{Glucose} + 2\ \text{P} + 2\ \text{ADP} \rightarrow 2\ \text{Milchsäure} + 2\ \text{ATP}$$

Dieses Laktat ist der limitierende Faktor für diese Reaktion: Je höher die Intensität, desto mehr Laktat fällt an und desto schneller tritt eine Übersäuerung des leicht alkalischen Blutmilieus ein, was zwangsweise zum Abbruch der Leistung führt. Das Maximum der glykolytischen Energiegewinnung liegt bei 40–45 Sekunden (z. B. 400-m-Lauf).
Laktat kann zwar vom Körper wieder abgebaut werden, allerdings nur bis zu einer gewissen Kumulation (Anhäufung). Wird die **anaerobe Schwelle** erreicht, also die Schwelle, an der sich Laktatproduktion und -elimination gerade noch im Gleichgewicht befinden, liegt das sogenannte maximale **Laktat-Steady-State** (maxLass) vor.

2 Aerobe Energiebereitstellung

Bei niedrigen bis mittleren Intensitäten, die länger als 1–2 min dauern, tritt die aerobe Energiebereitstellung unter Verwendung von Sauerstoff in den Vordergrund.

- Bei der **aerob-glykolytischen Bereitstellung** wird in den Mitochondrien (Teil der Muskelzelle) in einem aufwendigen Prozess Glucose zu Wasser und Kohlendioxid verstoffwechselt.

  $$1\ \text{Glucose} + 38\ \text{P} + 38\ \text{ADP} + 6\ O_2 \rightarrow 44\ H_2O + 6\ CO_2 + 38\ \text{ATP}$$

  Dieser Prozess ist umständlich und träge, aber sehr ökonomisch und auch die Stoffwechselendprodukte sind unproblematisch.

- Bei der **aerob-lipolytischen Bereitstellung** können auch Fette (als freie Fettsäuren) eingebunden werden.

  $$1\ \text{Palmitinsäure} + 23\ O_2 + \ldots \rightarrow 16\ H_2O + 16\ CO_2 + 129\ \text{ATP}$$
  $$1\ \text{Laurinsäure} + 17\ O_2 + \ldots \rightarrow 12\ H_2O + 12\ CO_2 + 95\ \text{ATP}$$

  Im Gegensatz zu den begrenzten Glykogenvorräten in Muskel, Blut und Leber sind die Fettvorräte in der Muskulatur und vor allem im Unterhautfettgewebe auch bei sehr schlanken Sportlern praktisch fast unendlich groß und ermöglichen so Ausdauerleistungen niedriger Intensität von mehreren Stunden. Allerdings wird bei der aeroben Lipolyse mehr Sauerstoff benötigt als bei der aeroben Glykolyse, sodass sie im Vergleich dazu in den Hintergrund tritt.

Wenige Minuten nach Belastungsbeginn sind Sauerstoffaufnahme und Leistungsabgabe im Gleichgewicht, dem sogenannten **Sauerstoff-Steady-State**. Wird für den Energiestoffwechsel mehr Sauerstoff benötigt, als der Körper aufnimmt, kommt es zu einem **Sauerstoffdefizit**. Ist dieses zu hoch, muss entweder die Belastung abgebrochen oder die Intensität zumindest so weit gemindert werden, dass eine aerobe Energiegewinnung möglich ist.

In der Ratgeber-Literatur findet man öfters den Hinweis, dass ein intensives Training besser zum Abnehmen geeignet sei: Der relative Anteil des Fettstoffwechsels sei dabei zwar geringer, die absolut verbrauchte Fettmasse jedoch höher.

Training mit niedriger Intensität	Training mit hoher Intensität
Gesamtenergie: 800 kcal	Gesamtenergie: 1 200 kcal
Prozentualer Fettstoffwechsel: 80 %	Prozentualer Fettstoffwechsel: 30 %
Verbrannte Fette: 640 kcal	Verbrannte Fette: 840 kcal

Tab. 6: Fettstoffwechsel

Prinzipiell ist die Aussage richtig, allerdings muss beachtet werden, dass bei höherer Intensität nicht nur der Anteil an Stresshormonen (Katecholamine) größer ist, sondern auch eine erhöhte Belastung für den gesamten Gelenkapparat auftritt. Außerdem fällt die Motivation erheblich schwerer und die positiven psychischen Faktoren können sich in ihr Gegenteil umkehren, da man sich auch mental von hochintensivem Training erholen muss.

3 Verstoffwechselung

Die aerobe Energiebereitstellung erfolgt schrittweise mit einer Vielzahl an enzymgesteuerten Reaktionsschritten. Dabei werden grundsätzlich Nährstoffe (insbesondere Kohlenhydrate und Fette, aber auch Eiweiße) zu aktivierter Essigsäure ab- oder umgebaut. Diese bildet wiederum die Grundlage für den Zitronensäurezyklus und die Atmungskette, woraus große Mengen an ATP hervorgehen.

- Im folgenden Abschnitt wird sich auf den Abbau von Kohlenhydraten beschränkt: In der Muskelzelle liegt der für die Energiebereitstellung notwendige Traubenzucker als Glykogen vor. In der sogenannten Glykogenolyse werden von diesem kettenförmigen Glykogenmolekül die Glucosemoleküle abgespalten. Diesem Prozess folgt unmittelbar die Spaltung des Traubenzuckers, die **Glykolyse**. Dabei entstehen aus dem Glucosemolekül, das 6 Kohlenstoffatome (C-Atome) enthält, letztendlich 2 Pyruvatmoleküle mit je 3 C-Atomen. Bis zu diesem Schritt ist die Energieausbeute mit 2 ATP-Molekülen pro Glucosemolekül gering. Wichtig ist, dass der dabei anfallende Wasserstoff (H) auf das Coenzym NAD^+ übertragen wird, das durch diesen Prozess in die Form $NADH^+$ übergeht. Anschließend wird das Pyruvat (≈ **Brenztraubensäure**) in Essigsäure überführt und durch Bindung an ein anderes Coenzym (Coenzym A) aktiviert. Es entsteht **aktivierte Essigsäure** oder Acetyl-Coenzym A (Acetyl-Co A), wobei wiederum Wasserstoff anfällt.

- Dann folgen die Reaktionen, die man als **Zitronensäurezyklus** zusammenfasst und in dem die Acetylgruppen weiter abgebaut werden, wobei CO_2 und 8 Wasserstoffatome freigesetzt werden.
- Abschließend folgt die **Atmungskette**, in der der Wasserstoff, der in den vorangegangenen Reaktionsstufen den jeweiligen Substraten (Glucose und Fettsäuren) entzogen wurde, zusammen mit seinen Elektronen letztendlich auf Sauerstoff übertragen wird. Dabei entstehen Wasser und NAD^+ in oxidierter Form sowie Energie.

  Erst durch die Aktivierung von Atmung und Kreislauf wird der vermehrt aufgenommene Sauerstoff am Schluss dieser Reaktionen in der Atmungskette benötigt. In der Bilanz entstehen bei der aeroben Glucoseoxidation aus 1 Glucosemolekül unter Einsatz von Sauerstoff (O_2) 6 CO_2-Moleküle und 6 H_2O-Moleküle. Gleichzeitig werden pro mol Glucose ca. 2 880 kJ Energie frei. Aber nur etwa 40 % dieser freien Energie können unter standardisierten Bedingungen in Form von ATP gespeichert werden. Pro Glucosemolekül werden mit dieser speicherbaren Energie 36 ATP-Moleküle aus ADP und Phosphat gebildet.

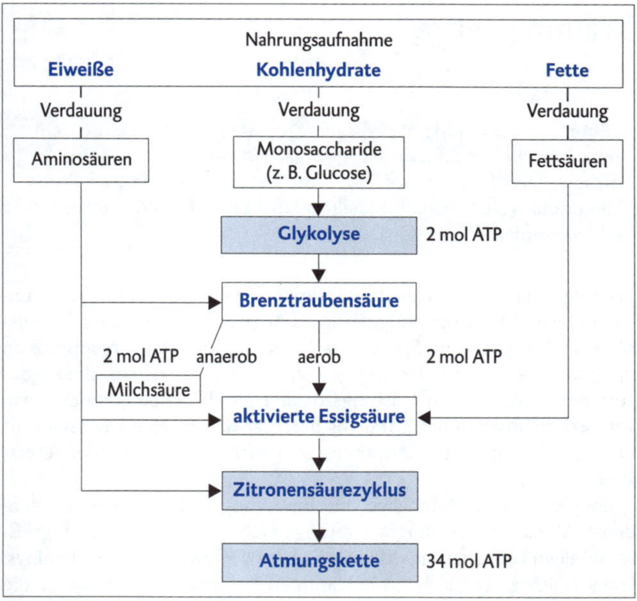

Abb. 14: Stoffwechsel

Trainingslehre

„**Sportliches Training** ist ein planmäßig gesteuerter Prozess, bei dem mit inhaltlichen, methodischen und organisatorischen Maßnahmen, entsprechend der Zielvorstellung, Zustandsänderungen der komplexen sportmotorischen Leistung, Handlungsfähigkeit und des Verhaltens entwickelt werden sollen." (CARL)

Training ist also ein zielgerichteter Prozess, wenngleich damit nicht unbedingt eine **Leistungssteigerung** ins Auge gefasst sein muss. So müssen etwa hochtrainierte Sportler nach ihrer Karriere den Organismus an die geringere Alltagsbelastung gewöhnen, was als **Abtrainieren** bezeichnet wird. Soll ein Leistungszustand gleich bleiben, spricht man vom **Erhaltungstraining**. Training beschränkt sich daher keinesfalls auf den Leistungssport, sondern findet sich auch im Breiten- oder Altersklassensport.
Wenngleich neue Materialien und Bewegungstechniken auf verschiedenste Weisen zu Leistungssteigerungen führen können, liegt der größte Anteil an Leistungsentwicklungen in der Verbesserung des Trainings. Jedes Training setzt sich aus bestimmten **Parametern** zusammen, die jedoch unterschiedlich ausgefüllt und gewichtet werden können. Außerdem sollte ein Training grundlegende **Prinzipien** berücksichtigen, damit ein optimaler Erfolg erreicht wird, der seinerseits eng mit **Leistung** verknüpft ist.
Das Training von **Ausdauer, Schnelligkeit, Kraft** und **Beweglichkeit**, von denen jeweils verschiedene Formen unterschieden werden können, zielt auf Anpassungserscheinungen im Körper ab. Um diese zu erreichen, eignen sich unterschiedliche Trainingsmethoden. Zusätzlich können aber auch **Technik**, **Taktik** und **Psyche** trainiert werden.

10 Training – Grundbegriffe

Für die Grobplanung eines Trainings ist es notwendig, sich über verschiedene **Parameter** klar zu werden, darunter auch über die Methodik. Für deren Planung stehen bestimmte **Belastungsnormative** zur Verfügung, die je nach Trainingsziel unterschiedlich gewichtet werden müssen.

1 Trainingsparameter

Für die Planung eines Trainings ist es wichtig, sich über Ziele, Inhalte, Mittel und Methoden klar zu werden. Je nach Ziel, das in der konkreten Trainingseinheit oder im Trainingszyklus verfolgt wird, dominieren unterschiedliche Parameter. Diese werden in der Regel ständig angepasst, wobei im Hochleistungssport z. B. Verletzungen, im Breitensport eher private oder berufliche Einflüsse eine Rolle spielen .

- **Trainingsziele:** Das, was man mit einem Training erreichen möchte, wird unter dem Begriff Trainingsziel zusammengefasst. Danach richtet sich die Wahl der Inhalte, der Mittel und der Methoden. Trainingsziele können z. B. konditionelle und koordinative, aber auch kognitive (Taktik), psychomotorische und affektive Elemente (z. B. Durchsetzungsvermögen) enthalten. Die Trainingslehre konzentriert sich hauptsächlich auf die motorischen Lernziele, da soziale und konstitutionelle Komponenten nur sehr individuell durch sportliches Training gesteuert werden können.
- **Trainingsinhalte:** All das, was man im Training tut, wird als Trainingsinhalte bezeichnet. Dabei spielen die Übungen eine entscheidende Rolle. Allgemeine Übungen schaffen die Basis für Spezialübungen, die zunehmend sportartspezifisch ausgelegt sind. Wettkampfnahe Übungen finden sportartbezogen statt.
- **Trainingsmittel:** Alle Instrumentarien und Maßnahmen, die den Trainingsablauf unterstützen, werden als Trainingsmittel bezeichnet. In erster Linie sind damit Sport- und Trainingsgeräte gemeint. Außerdem werden aber auch organisatorische sowie audiovisuelle, sportmedizinische und psychologische Mittel darunter gefasst.
- **Trainingsmethoden:** Um die gesetzten Trainingsziele zu erreichen, müssen gewisse Trainingsmethoden planmäßig eingesetzt werden. Die Dauermethode z. B. dient vorwiegend zur Verbesserung der Grundlagenausdauer.

2 Belastungsnormative

Unter dem Begriff **Belastung** werden die äußeren Anforderungen an eine Person zusammengefasst. Die inneren Reaktionen auf Belastungen werden hingegen als **Beanspruchung** bezeichnet, welche sich auf Dauer in Ermüdung äußert.

Belastungsnormative sind Merkmale, welche die Reizsetzung während eines Trainings beschreiben. Anhand dieser Normative lassen sich die verschiedenen Trainingsmethoden unterscheiden.

- **Intensität:** Damit wird der Grad der Belastung eines Sportlers bezeichnet. Die Intensität ist beispielsweise maximal, wenn eine Laufstrecke mit maximalem Tempo gelaufen oder in der Beinpresse mit dem höchstmöglichen Gewicht gearbeitet wird. Die Reizintensität (auch Reizhöhe oder Reizstärke genannt) ist in der Regel gut quantifizierbar. So werden z. B. Trainingsvorgaben für das Schwimmen in Zeit und für das Krafttraining in Gewicht angegeben.
- **Dauer:** Darunter versteht man die Zeitspanne der Einwirkung eines einzelnen Reizes oder auch einer Reizserie. Bei intensiven Trainingsformen ist die Reizdauer recht kurz, beim Ausdauertraining eher lang.
- **Dichte:** Die Reizdichte bestimmt den zeitlichen Ablauf von Belastung und Erholung. Bei langen Pausen ist die Reizdichte gering, wobei die Intensität oft sehr hoch ist. Kurze Pausen deuten auf eine hohe Reizdichte hin, wobei die Intensität zwangsläufig eher gering ausfällt.
- **Umfang:** Die Anzahl der Einzelreize pro Trainingseinheit und der daraus resultierende zeitliche Umfang ergeben den Reizumfang. In der Regel werden Reizdichte und Reizdauer miteinander multipliziert, um Aussagen über den Reizumfang zu treffen. Trainingsvorgaben können beispielsweise so aussehen: 2 x 8 x 200 m Schwimmen mit Start alle 2:30 min, sodass sich ein Reizumfang von 40 min oder 3 200 m ergibt. Beim Krafttraining könnte es heißen: 5 x 4 x 100 kg, sodass hier der Trainingsumfang bei 2 t (Tonnen) läge.
- **Häufigkeit:** Die Trainingshäufigkeit bezeichnet die Anzahl der Trainingseinheiten pro Zeitintervall (meist Woche). Im Hochleistungssport wird heute in fast allen Sportarten dreimal täglich trainiert. Die Trainingshäufigkeit ist abhängig von der Erholungsfähigkeit des Sportlers, die mit steigender Austrainiertheit zunimmt. Im Anfänger- oder Breitensportbereich kann deshalb nicht so oft trainiert werden wie im Leistungssport.

11 Prinzipien

Als Orientierung für die konkrete Trainingsplanung wurden im Laufe der Zeit sogenannte Prinzipien erstellt. Der Begriff Trainingsprinzipien ist allerdings nicht exakt umrissen, weshalb keine Einheitlichkeit bei der Auflistung besteht. Tendenziell steigt die Anzahl der Prinzipien (bis zu

23 bei CARL/MARTIN/LEHNERTZ), da versucht wird, möglichst alle Aspekte sportlichen Trainings abzudecken.
Grundlegende Trainingsprinzipien sind die Steigerung, Kontinuität und Zyklisierung des Trainings.

1 Prinzip des wirksamen Belastungsreizes

Beim sportlichen Training kommt es darauf an, die richtige Dosierung der Reize zu finden, um eine Leistungsverbesserung zu erzielen, wobei eine Funktion erst entsteht, wenn eine gewisse Reizstärke (Schwelle) überschritten wird. Mithilfe der **Reizstufenregel** können folgende allgemein gültige Aussagen getroffen werden:

- Fehlende Reize: keine Funktion
- Unterschwellige Reize: wirkungslos (Alles-oder-nichts-Gesetz)
- Schwach überschwellige Reize: anregend, aber ohne Anpassung
- Stark überschwellige Reize: anatomische und physiologische Anpassungsvorgänge
- Zu starke Reize: lähmend oder sogar schädigend

Grundlage des gesamten Trainingsprozesses ist die Fähigkeit des Organismus zur Anpassung an veränderte Umweltbedingungen, die sogenannte **Adaptionsfähigkeit**. Diese Reaktionsfähigkeit des Organismus, die auf einem biologischen Schutz- oder Vorsorgemechanismus basiert, macht Leistungssteigerung durch Training erst möglich.

2 Prinzip der Homöostase und der Superkompensation

Wenn die Belastungsreize so auftreten, dass im Organismus weder Auf- noch Abbauprozesse wirken, befindet sich der Körper im Gleichgewicht. Dieser Zustand wird als **Homöostase** bezeichnet.
Sportliches Training ist physiologisch betrachtet eine gezielte Störung der Homöostase, da die Reize in der Regel so gesetzt werden, dass es zu Anpassungsprozessen der organischen Strukturen kommt.
Bei Belastung nimmt die Leistungsfähigkeit zunächst mit zunehmender Dauer ab. Bei der anschließenden Regeneration erholt sich der Organismus, sodass nach einer gewissen Zeit die Leistungsfähigkeit das Ausgangsniveau wieder erreicht. In einer dritten Phase kommt es dann schließlich zu einer Leistungssteigerung über das Ausgangsniveau hinaus. Dies liegt in erster Linie daran, dass die biochemischen Vorgänge nicht spontan gestoppt werden, wenn das Ausgangsniveau erreicht ist, sondern dass es zu einem Mehrausgleich kommt, der sogenannten **Superkompensation**. Nehmen beispielsweise bei einer starken Ausdauerbelastung die Glykogenreserven in den Muskelzellen zunächst ab,

wird im Zuge der Superkompensation mehr Glykogen eingelagert, als zuvor in der Belastungsphase verbraucht worden ist.

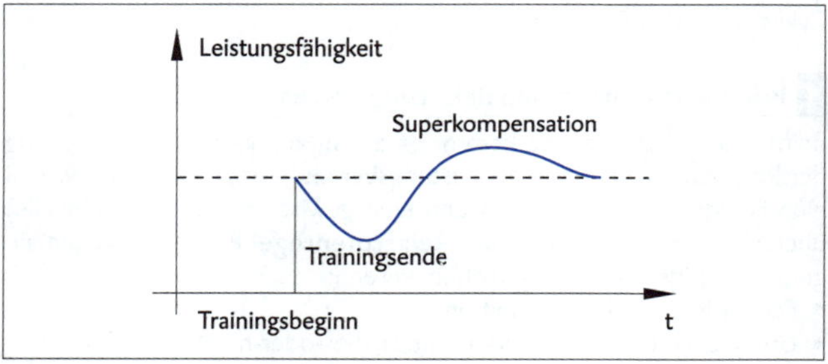

Abb. 15: Superkompensation

Die unterschiedlichen Strukturen im Körper haben allerdings eine unterschiedlich lange Regenerationsphase, weshalb diese Kurve nur als idealtypisch angesehen werden kann. Während biochemische Vorgänge relativ schnell verlaufen und sich auch stark durchblutete Strukturen (z. B. Muskeln) gut regenerieren, benötigen z. B. Sehnen mehr Zeit, um sich an ein Training anzupassen, was etwa im Krafttraining berücksichtigt werden muss.
Das übergeordnete Ziel der Trainingsplanung ist somit das Erreichen einer Superkompensation, was mit Leistungsgewinn gleichzusetzen ist. Allerdings sind die Anpassungserscheinungen flüchtig. Wird das Training nicht fortgesetzt, regelt der Organismus seine Leistungsfähigkeit wieder nach unten. Folgen hingegen adäquate Trainingsreize in sinnvollem zeitlichen Abstand, kommt es zu einer kontinuierlichen Leistungssteigerung. Am besten ist es, dann einen neuen Trainingsreiz zu setzen, wenn die Superkompensation maximal ist. Erfolgt das Training zu selten, stagniert die Leistungsfähigkeit auf dem Ausgangsniveau. Wird hingegen zu häufig trainiert, ist die Regeneration also noch nicht abgeschlossen, führt dies sogar zu einer Abnahme der Leistungsfähigkeit. Diesen Zustand nennt man **Übertraining**.

3 Prinzip der Kontinuität

Damit Adaptionserscheinungen im Körper auftreten können und erhalten bleiben, sollten Unterbrechungen im Trainingsplan vermieden werden. Wie lang die Unterbrechungen sein dürfen, hängt von dem jeweiligen System ab, das sich angepasst hat. Während sich manche Adaptionserscheinungen über lange Zeiträume hinweg auf- und abbauen (z. B. Sportherz) und somit auch bei Sportabstinenz noch längere Zeit erhalten bleiben, machen sich bei anderen (z. B. beim Energiestoffwechsel) bereits geringe Schwankungen in der Trainingsintensität in die eine oder andere Richtung bemerkbar.

4 Prinzip der Steigerung

Damit Training langfristig erfolgreich verlaufen kann, muss eine systematische Steigerung der Trainingsbelastung gewährleistet sein. Diese Steigerung verläuft umso eindeutiger, je untrainierter der Sportler ist und nimmt mit zunehmender Trainiertheit ab. Beispielsweise können bei einem Krafttraining die Belastungen in Form von Gewichten zunächst kontinuierlich gesteigert werden, nach einer gewissen Zeit aber fallen Erhöhungen der Gewichte schwerer. Die Entscheidung, ob in kleineren oder in größeren Schritten gesteigert wird, liegt im individuellen Ermessen und stellt einen wichtigen Parameter bei der Trainingsgestaltung dar. Zu große Steigerungen können Verletzungen provozieren und sollten daher eher im leistungsambitionierten Sport verwendet werden.

5 Prinzip der Periodisierung und Zyklisierung

Sportler trainieren während des gesamten Jahres, denn Trainingsunterbrechungen bewirken einen Rückgang des Trainingszustandes. Die Entwicklung der sportlichen Form unterliegt jedoch biologischen Gesetzmäßigkeiten und verläuft daher nicht geradlinig.

> „**Sportliche Form** ist der Zustand der höchsten Leistungsfähigkeit, der periodisch in einem gezielten, phasenhaften Entwicklungsverlauf erreicht wird.“ (MATWEJEW)

Daraus folgt, dass ein Sportler nicht ununterbrochen Höchstleistungen erbringen kann. Im Trainingsprozess muss dieser phasenhafte Entwicklungsverlauf der sportlichen Form berücksichtigt werden. Das Training wird deshalb einer zyklischen sich wiederholenden Periodisierung unterworfen, mit dem Ziel, dass die Bestform zu einem gewünschten Zeitpunkt erreicht wird.

Ein **Trainingszyklus** – er kann sich je nach Sportart ein- oder zweimal im Jahr wiederholen – wird dabei in drei Perioden eingeteilt:

- **Vorbereitungsperiode:** Diese Periode ist zweigeteilt. In einer ersten Phase steht eine allgemein-konditionelle Vorbereitung im Vordergrund. In der zweiten überwiegen dann sportartspezifische Trainingsinhalte, wobei der Traininigsumfang zugunsten der Intensität reduziert wird. Im Spitzensport kann die erste Phase vernachlässigt werden, da man davon ausgehen kann, dass ein Leistungssportler bereits ein hohes Ausgangsniveau an psychischer und physischer Leistungsfähigkeit mitbringt. In diesem Fall dominiert von Beginn an die wettkampfspezifische Belastung.

- **Wettkampfperiode:** Im Verlauf der Wettkampfperiode soll die in der Vorbereitungsphase erworbene individuelle Höchstform in Wettkämpfen realisiert werden. Durch die Teilnahme an Wettkämpfen soll darüber hinaus die sportliche Form gehalten und stabilisiert, soweit möglich auch weiterentwickelt werden.
- **Übergangsperiode:** In der Übergangsperiode werden Intensität und Umfang des Trainings gesenkt, und damit wird bewusst ein (vorübergehender) Verlust der sportlichen Form in Kauf genommen. Die aktive Erholung (z. B. durch Ausgleichssportarten) und die Regeneration des Sportlers stehen im Vordergrund.
  Dieser Formverlust ist notwendig und bildet den Ausgangspunkt für eine neue sportliche Form auf höherem Niveau.

Um den Trainingsprozess, insbesondere hinsichtlich einzelner Trainingsinhalte präziser steuern zu können, wird der Periodenzyklus von Vorbereitungs-, Wettkampf- und Übergangsperiode weiter unterteilt. Die Trainingsplanung erfolgt nach kurzfristigen Trainingsabschnitten, sogenannten Mikro- und Makrozyklen.

- Die **Mikrozyklen** erfassen die Planung und Gestaltung einzelner Trainingseinheiten oder einer Trainingswoche. Es erfolgt eine Abstimmung von Intensität und Umfang des Trainings sowie von Belastungs- und Erholungsphasen. Da es hier um überschaubare Zeiträume geht, ist es möglich, sich gegebenen Umständen (aktueller Trainingszustand, Trainingsbereitschaft, klimatische Verhältnisse) kurzfristig anzupassen.
- Die **Makrozyklen** sind unterschiedlich lang. In der Vorbereitungsphase umfassen sie einen Zeitraum von vier bis sechs Wochen, in der Wettkampfphase nur zwei bis vier Wochen. Innerhalb eines Makrozyklus findet die umfassende Planung der Belastungsdynamik statt: Es wird der Wechsel von Belastungsphasen höherer und niedrigerer durchschnittlicher Intensität festgelegt (wellenförmige Veränderung der Trainingsbelastung), ebenso das Verhältnis von Trainingsaufwand und -intensität.

Die Periodisierung eines **Trainingsjahres** kann sich an der Anzahl bzw. den zeitlichen Abständen wichtiger Wettkämpfe in einer Sportart orientieren. Man unterscheidet grundsätzlich zwischen eingipfliger und zweigipfliger Periodisierung.

- Bei der **eingipfligen Periodisierung** füllt der Periodenzyklus den Zeitraum eines Jahres aus.

Eingipflige Periodisierung

Allgemeine Vorbereitungsperiode Spezielle Vorbereitungsperiode	Dezember bis März April bis Mai
Wettkampfperiode	Juni bis September
Übergangsperiode	Oktober bis November

Tab. 7: Beispiel für eine eingipflige Periodisierung

- Bei der **zweigipfligen Periodisierung** folgen dagegen in einem Trainingsjahr zwei Periodenzyklen aufeinander. Die vorangegangene Form der Periodisierung wiederholt sich im Jahresverlauf also ein zweites Mal. Dennoch enthält die Doppelperiodisierung nicht sechs, sondern nur fünf Trainingsperioden, da die Übergangsperiode I mit der Vorbereitungsperiode II verschmilzt.

Zweigipflige Periodisierung

Allgemeine Vorbereitungsperiode Spezielle Vorbereitungsperiode		April bis Juni
Wettkampfperiode	I	Juli bis September
Allgemeine Vorbereitungsperiode Spezielle Vorbereitungsperiode		Oktober bis Dezember
Wettkampfperiode	II	Januar bis Februar
Übergangsperiode		März

Tab. 8: Beispiel für eine zweigipflige Periodisierung

Die eingipflige Periodisierung arbeitet also nur auf einen Höhepunkt im Trainingsjahr hin und kennt somit auch nur eine Wettkampfperiode. In vielen Sportarten (z. B. Schwimmen, Leichtathletik) gibt es jedoch eine

Hallen- und eine Freiluftsaison. Im Spitzensport geht deshalb der Trend immer mehr zur zweigipfligen Periodisierung, zumal zu lange Wettkampfpausen bei den Athleten auch zu Motivationsschwierigkeiten führen können.

6 Prinzip der optimalen Relation von Belastung und Erholung

Die besten Anpassungserscheinungen erreicht man bei einem optimalen Verhältnis zwischen Belastung und Regeneration. Die Regenerationsprozesse laufen im gesunden Organismus stets gesetzmäßig ab: Im ersten Drittel der Erholungszeit finden ca. zwei Drittel der physischen und psychischen Wiederherstellung statt. Die vollständige Regeneration erfordert jedoch eine relativ umfangreiche Pause.
Diesen Sachverhalt macht man sich in der Trainingspraxis zunutze, indem man zwischen einer unvollständigen (lohnenden Pause) und einer vollständigen Erholung unterscheidet. Bei der **lohnenden Pause** geht die Herzfrequenz nur um ein Drittel des Höchstwertes nach einer intensiven Belastung zurück. Die Pause ist praktisch im Moment des Erreichens dieser Herzfrequenz beendet und es beginnt ein neuer Trainingsreiz. Lohnende Pausen werden im Ausdauertraining eingesetzt, während es beim Maximalkrafttraining, Techniktraining oder Koordinationstraining notwendig ist, dass der nächste Trainingsreiz erst nach einer **vollständigen Erholung** gesetzt wird.

7 Prinzip der wechselnden Belastung

Trainingsbelastungen sollten systematisch, aber nicht eintönig sein, da ansonsten die Gefahr körperlicher Überlastung, aber auch des Motivationsschwundes besteht. Außerdem sinkt durch dauerhaft gleichbleibende Reize deren Wirksamkeit, sodass körperliche Anpassungserscheinungen ausbleiben.
Auch wenn es sinnvoll sein kann, Trainingsphasen mit einem bestimmten Schwerpunkt zu gestalten, sollten dennoch andere Aspekte nicht zu kurz kommen. Ein dauerhaftes Training z. B. der koordinativen Fähigkeiten ist nicht sinnvoll, ebensowenig wie etwa ein reines Ausdauertraining nach der Dauermethode.

8 Prinzip der individualisierten Belastung

Da jeder Sportler aufgrund seiner Voraussetzungen unterschiedlich auf Trainingsreize reagiert, ist es wichtig, diese individualisiert zu setzen. So müssen z. B. bei gut trainierten Sportlern die Reize höher liegen als bei Gelegenheitssportlern, um noch Adaptionserscheinungen zu erreichen.

Dies kann jedoch in einer Phase nach einer Verletzung schon wieder ganz anders aussehen. Da die Individualisierung stark von den personellen und medizinischen Möglichkeiten sowie den fachlichen Fähigkeiten des Trainerstabs abhängt, ist sie so gut wie nie optimal umsetzbar. Dazu kommt, dass sie bei Mannschaftssportarten meist anderen Zielen untergeordnet werden muss.

12 Leistung

Sport und Leistung gehören eng zusammen, da jedes Ergebnis einer sportlichen Betätigung eine Form der Leistung ist, selbst wenn es sich dabei nicht um eine „Höchst"-Leistung handelt. Die Leistung, die abgerufen wird, hängt von der **Leistungsfähigkeit** des Einzelnen ab, für die wiederum bestimmte **Voraussetzungen** erfüllt sein müssen. Die Leistung(sfähigkeit) eines Sportlers kann durch verschiedene Tests überprüft werden, je nachdem, welche Komponente im Vordergrund steht.

1 Leistungsfähigkeit

Jedem Menschen stehen individuelle (vererbte) **Leistungsreserven** zur Verfügung, die durch sportliches Training angesprochen und mobilisiert werden können. Während ein Untrainierter nur etwa 70 % seiner **absoluten Leistungsfähigkeit** nutzt, kann durch Training diese Schwelle auf ca. 90 % angehoben werden. Die übrigen 10 % bezeichnet man als **autonom geschützte Reserven**, die der Aufrechterhaltung der vegetativen Nervenfunktionen (Herzschlag, Atmung) dienen. Durch Doping (z. B. Amphetamine) oder außergewöhnliche psychische Beeinflussung kann auch auf diese 10 % zugegriffen werden.

Je besser der Trainingszustand, desto mehr kann ein Sportler also von seiner absoluten Leistungsfähigkeit abrufen, man spricht auch vom Grad der Austrainiertheit. Die Steigerung des Leistungspotenzials basiert auf der Fähigkeit des Organismus, sich an die Anforderungen der Umwelt (hier: Training) anzupassen. Wenn sich ein Umweltfaktor ändert, wirkt dieser als Reiz auf den Organismus, der nun versuchen muss, sich den neuen Gegebenheiten anzupassen und den ungestörten Ablauf aller Lebensvorgänge zu gewährleisten.

2 Leistungsvoraussetzungen

Nach SCHNABEL/HARRE/KRUG setzt sich die personale Leistungsfähigkeit aus den vier Leistungsfaktoren Konstitution, Kondition, Koordination – Technik und Handlungskompetenz (Persönlichkeit) mit den dazu gehörigen Leistungsvoraussetzungen zusammen, wobei die einzelnen Faktoren stets in einem engen Verhältnis zu den übrigen Faktoren zu sehen sind.

- **Konstitution:** Zur Konsitution zählen äußere, häufig genetisch bedingte Faktoren, z. B. Gewicht, Körperproportionen, aber auch Alter.
- **Kondition:** Die sportliche Kondition setzt sich vor allem aus den beiden leistungsbestimmenden physischen Fähigkeiten **(konditionellen Fähigkeiten)** Ausdauer und Kraft, zum Teil auch aus Schnelligkeit und Beweglichkeit, zusammen, wobei die Beweglichkeit nicht immer dazu gerechnet wird, sondern der Konstitution zugeschlagen wird. Diese Fähigkeiten haben einen entscheidenden Einfluss auf das Erlernen und Ausführen fast aller sportlichen Bewegungen, wobei die energetische Komponente (die Bedeutung der Bereitstellung und Umwandlung von Energie) dominiert.
  Während ein Gewichtheber und ein Marathonläufer recht einseitig ihre Maximalkraft bzw. ihre (aerobe) Ausdauer trainieren, benötigt ein Sportler im Normalfall eine Kombination der konditionellen Fähigkeiten, wobei diese je nach Sportart in unterschiedlichen Ausprägungen und Anteilen auftreten. Daher haben sich zwei grundsätzliche Formen des Konditionstrainings etabliert: Das **allgemeine Konditionstraining** verfolgt eine annähernd gleichmäßige Entwicklung aller konditionellen Fähigkeiten. Das **spezielle Konditionstraining** beschränkt sich auf die Entfaltung sportartspezifischer Fähigkeiten.
- **Koordination – Technik:** In diesen Bereich fallen die koordinativen Fähigkeiten (Kopplungsfähigkeit, Differenzierungsfähigkeit, Gleichgewichtsfähigkeit, Rhythmisierungsfähigkeit, Umstellungsfähigkeit, Orientierungsfähigkeit, Reaktionsfähigkeit) und die motorischen Fertigkeiten.
- **Handlungskompetenz (Persönlichkeit):** Hierzu gehören neben bestimmten Persönlichkeitsmerkmalen auch psychische Eigenschaften (z. B. Willenskraft, Selbstvertrauen, Motivation), also all das, was die Wahrnehmung und die Denk- und Entscheidungsprozesse beeinflusst.

3 Leistungsdiagnostik

Leistungsdiagnostik hat ihren Platz sowohl vor der Aufnahme eines Trainings als auch während des Trainings. Durch die Diagnostik werden Stärken und Schwächen des Sportlers aufgedeckt, woraus sich Hinweise für die Trainingsplanung ergeben.

Abhängig vom Intensitätsgrad einer sportlichen Ausdauerleistung dominiert entweder die aerobe Energiebereitstellung oder die anaerobe. Getrennt werden diese beiden Bereiche duch die sogenannte **anaerobe Schwelle**.

Der dominant aerobe Ausdauerbereich, der sich unterhalb dieser anaeroben Schwelle befindet, gliedert sich wiederum in einen stark aeroben Bereich und einen aerob-anaeroben Übergangsbereich.

- Der stark aerobe Bereich zeichnet sich dadurch aus, dass sich Sauerstoffaufnahme und Sauerstoffverbrauch die Waage halten, also ein **Sauerstoff-Steady-State** (Sauerstoffgleichgewicht) bilden.
- Im aerob-anaeroben Übergangsbereich häuft sich durch die Glykolyse zunehmend Laktat im Blut, doch nur so viel, dass es auch wieder abgebaut werden kann. Die Auf- und Abbauprozesse befinden sich also im Gleichgewicht, weshalb von einem **Laktat-Steady-State** gesprochen wird. Das **maximale Laktat-Steady-State** (maxLass oder MLSS) entspricht der anaeroben Schwelle.

MADER kam 1976 bei der Untersuchung von über 1 000 Sportlern aus unterschiedlichsten Sportarten zu dem Ergebnis, dass das maximale Laktat-Steady-State im statistischen Mittel bei ungefähr **4 mmol/l Laktat** liegt. Dieser Wert wird häufig als fixe anaerobe Schwelle bezeichnet.

Allerdings kann die **individuelle anaerobe Schwelle**, abhängig vom Trainingszustand, aber auch von der Veranlagung, je nach Person um bis zu 2 mmol/l Laktat von diesem Durchschnittswert abweichen. Aus diesem Grund ist es nicht möglich, allein in Bezug auf dieses statistische Mittel Aussagen zu Leistungsfähigkeit und Trainingsplanung zu treffen.

Neben dem Laktat werden in der Leistungsdiagnostik in der Regel zusätzlich weitere Parameter wie Herzfrequenz, Geschwindigkeit oder Leistung gemessen. Auch die individuelle **maximale Sauerstoffaufnahme** (VO_2max) kann als Merkmal herangezogen werden. Die maximale Sauerstoffaufnahme kennzeichnet die Fähigkeit des Blutes (Transport) und der Muskulatur (Verarbeitung), Sauerstoff in einer bestimmten Zeit zu verwerten:

$$VO_2\,max = \frac{\text{Sauerstoffaufnahme (ml)}}{\text{Zeit (min)}}$$

Ermittelt wird die VO_2max durch Ausbelastung (Erreichen der subjektiven körperlichen Belastungsgrenze) bei der Spiroergometrie (Messung von Atemgasen bei körperlicher Belastung).
Bei der relativierten Sauerstoffaufnahmefähigkeit (rVO_2max) wird außerdem das Körpergewicht hinzugezogen:

$$rVO_2\,max = \frac{VO_2\,max}{\text{Körpergewicht (kg)}} = \frac{\text{Sauerstoffaufnahme (ml)}}{\text{Zeit (min)} \cdot \text{Körpergewicht (kg)}}$$

Sowohl die VO_2max- als auch die rVO_2max-Werte liegen bei Hochtrainierten deutlich höher als bei Untrainierten.

Zu den am häufigsten verwendeten Tests im Bereich der Ausdauerleistung gehören Laktattests, der CONCONI-Test (mit Intervall-Probst-Test) und der COOPER-Test.

- **Laktattests** werden in der Regel mithilfe von Standard- und Stufentests durchgeführt, wofür Laufbänder, Rad- oder sonstige Ergometer zum Einsatz kommen. Der Sportler wird dabei steigenden Belastungen ausgesetzt, die je nach Test und Leistungsniveau bis zum erschöpfungsbedingten Abbruch (Ausbelastung) weitergeführt werden. Während des Tests werden in einem festgelegten Intervall sowohl der Laktatspiegel im Blut als auch weitere Parameter gemessen. Die jeweiligen Werte werden in einem Diagramm eingetragen und zu einer Kurve interpoliert. Abschließend werden die Werte zueinander in Beziehung gesetzt.
  Werden mehrere dieser Tests in zeitlichen Abständen durchgeführt, lässt sich anhand der Verschiebung der Kurven eine Leistungsentwicklung ablesen.
  Die folgende Abbildung zeigt die Laktatkonzentration dreier verschiedener Probanden im Verhältnis zu ihrer Laufgeschwindigkeit. Während Sportler 1 bei ca. 16 km/h abbrechen muss, da er aufgrund seines Stoffwechsels zu schnell übersäuert, befindet sich Sportler 3 bei 15 km/h noch im Laktat-Steady-State. Sportler 3 ist also deutlich ausdauerleistungsfähiger als Sportler 1.

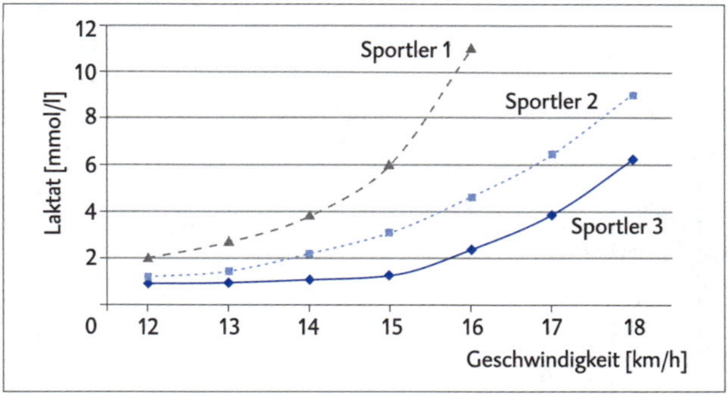

Abb. 16: Stufentest

- Die anaerobe Schwelle bzw. das maximale Laktat-Steady-State lässt sich auch mit dem **CONCONI-Test** annähernd bestimmen. Dabei wird vorausgesetzt, dass zum Zeitpunkt des Auflösens des maximalen Laktat-Steady-States die Herzfrequenz stark ansteigt.
  Beim CONCONI-Test wird der Sportler mit einem Herzfrequenzmesser ausgerüstet. Er muss nun so lange laufen, bis er vor Erschöpfung nicht mehr kann, wobei er langsam beginnt und alle 200 m sein Tempo erhöht. Bei der anschließenden Auswertung der Herzfrequenzkurve versucht man den Punkt herauszufinden, an dem der zunächst lineare Anstieg der Herzfrequenz unterbrochen wird. Dieser sogenannte Deflektionspunkt wird als maximales Laktat-Steady-State oder anaerobe Schwelle definiert. Außerdem beschrieb CONCONI eine aerobe Schwelle, die nach ihm 20 Herzschläge darunter läge.

  Die Vorteile des CONCONI-Tests sind die einfache Durchführbarkeit und die Übertragbarkeit auf andere Sportarten wie Radfahren oder Schwimmen. Nachteile sind der möglicherweise nicht erfassbare Deflektionspunkt und die dynamische Regulierung der Herzfrequenz. So kann der CONCONI-Test nur eine Näherung an eine Leistungsdiagnostik unter einfachen Bedingungen darstellen.

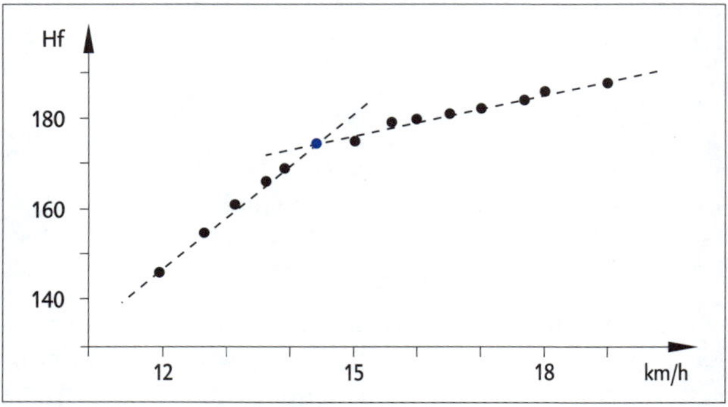

Abb. 17: CONCONI-Test mit Deflektionspunkt

Eine Variante des CONCONI-Tests, um auch die anaerobe Leistungsfähigkeit zumindest grob zu erfassen, ist der **Intervall-Probst-Test**, der bei Sportarten mit komplexen Anforderungsprofilen wie Fußball, Handball oder Floorball angewendet wird. Dafür wird mit Hütchen im 10-m-Abstand ein 280 m langer Zick-Zack-Rundkurs abgesteckt. Die Richtungsänderungen (Beschleunigen, Bremsen) sollen den Belastungen in Spielsportarten nahe kommen. Mittels akustischem Signal wird das Tempo vorgegeben: Der Sportler muss bei jedem Piepen an einem Hütchen sein. Auch bei diesem Test wird das Tempo bis zum Abbruch erhöht und die Herzfrequenz aufgezeichnet. Anschließend kann näherungsweise das maximale Laktat-Steady-State ermittelt werden. Da nach jeder Runde eine Pause von 30 s eingelegt wird, können Aussagen über die Ausdauerleistungsfähigkeit (z. B. Regenerationsfähigkeit, Absinken der Herzfrequenz) getroffen werden. Sollte der Sportler auch jenseits des Deflektionspunkts noch nicht abbrechen, deutet dies auf eine gute anaerobe Kapazität hin.

- Beim **COOPER-Test** soll in 12 min eine möglichst weite Strecke zurückgelegt werden. Dieser Test hat den Nachteil, dass der Proband zum einen in der Lage sein muss, 12 min ausdauernd und gleichmäßig zu laufen, zum anderen aber nicht zu durchtrainiert sein darf, da ansonsten keine Aussagen über die aeroben Fähigkeiten getroffen werden können.

13 Ausdauertraining

Die äußerst komplexe motorische Eigenschaft Ausdauer kann in erster Linie als „Ermüdungswiderstandskraft" definiert werden und äußert sich im Wesentlichen durch folgende Merkmale:

- relativ lange Aufrechterhaltung einer gewählten Intensität
- verminderte Verluste an Intensität, die durch Ermüdung eintreten
- schnelle Erholung

„Im Sport versteht man unter **Ausdauer** die physische und psychische Widerstandsfähigkeit des Organismus gegen Ermüdung bei körperlichen Belastungen gleich welcher Intensität oder Dauer und die rasche Wiederherstellungsfähigkeit nach der Belastung." (GROSSER)

1 Biologische Voraussetzungen und Anpassung

Ausdauertraining stellt für den menschlichen Organismus einen Reiz dar, der ihn zu Anpassungsvorgängen veranlasst. So zeigt sich die Ausprägung der aeroben Ausdauer in der Veränderung mehrerer physiologischer Parameter, die in der Mehrzahl das Herz-Kreislaufsystem betreffen. Anaerobes Ausdauertraining betrifft dagegen im größeren Ausmaße den Muskelstoffwechsel. Im Folgenden werden einige durch Ausdauerreize hervorgerufene Adaptationen genannt:

Anpassungserscheinungen des **Herzens:**

- Eine der bekanntesten Anpassungserscheinungen an den Ausdauersport stellt das sogenannte **Sportherz** dar. Es handelt sich hierbei rein anatomisch gesehen um eine Herzvergrößerung infolge einer Erweiterung der Herzkammern (Dilatation) und einer Hypertrophie der Herzwände. Das Sportherz besitzt damit ein größeres Gewicht und ein größeres Volumen als ein nicht durch Ausdauertraining stimuliertes Herz.

  Die Zunahme des Herzvolumens erhöht das **Herzminutenvolumen**, ermöglicht also einen größeren Blutauswurf pro Herzschlag. So kann das Herz eines Hochleistungssportlers unter Belastung zwischen 30 und 40 l Blut/min pumpen, während der Untrainierte nur ein Herzminutenvolumen von 20 l aufweist. Gleichzeitig wird deutlich mehr Sauerstoff transportiert, der der Muskulatur für oxidative Vorgänge – also für Prozesse der Energiegewinnung – zur Verfü-

gung steht. Herzgröße und Schlagvolumen stellen somit wesentliche Parameter für die aerobe Ausdauerfähigkeit dar.
Das größere Herzminutenvolumen führt in Ruhe zu einem Absinken der **Pulsfrequenz** auf unter 50 Schläge/min, bei Weltklasseathleten sogar auf bis zu unter 30 Schläge/min. Im Vergleich dazu liegt der Puls eines untrainierten Erwachsenen bei etwa 60–80 Schlägen/min. Die geringe Schlagzahl kann gewissermaßen als Schongang bezeichnet werden, der zu einer Entlastung der Herzens führt. Durch Verringern der Schlagfrequenz und Erhöhen des Schlagvolumens arbeitet das Herz ökonomischer und hat bei Belastung größere Leistungsreserven. Bei gleicher Belastung ist deshalb die Pulsfrequenz beim Trainierten deutlich niedriger.
Ausdauertraining bewirkt darüber hinaus eine Erweiterung der Koronareingänge und eine verbesserte Sauerstoffversorgung der Herzmuskulatur. Durch die verbesserte **Kapillarisierung** im gesamten Körper können alle Organe effizienter versorgt werden, sodass nicht nur das erhöhte Schlagvolumen die Herzfrequenz sinken lässt.
Das erhöhte Herzminutenvolumen, der geringere periphere Widerstand und der elastischere Gefäßwiderstand lassen insgesamt den **Blutdruck** sinken. Dies entlastet Herz und Gefäße, was von erheblicher gesundheitlicher Bedeutung ist.

Anpassungserscheinungen des **Blutes:**

- Regelmäßiges Training bewirkt in erster Linie eine Erhöhung des **Blutvolumens** um 1–2 l. Grund dafür ist die verbesserte Wasserbindungsfähigkeit des Blutes, was zu einem Anstieg des Plasmavolumens führt. Die dadurch sinkende Viskosität (Zähflüssigkeit) des Blutes erleichtert die Herzarbeit. Zudem kann das Wasser gut zur Wärmeregulation genutzt werden, weshalb Sportler schneller und mehr schwitzen. Auch die chemische Pufferkapazität des Blutes nimmt zu, weil sich die im Blut befindlichen Puffersysteme erhöhen. Dies ermöglicht den verbesserten Abbau z. B. von Laktat (Laktattoleranz).
- Die für den Sauerstofftransport verantwortlichen Erythrozyten nehmen zu, sodass die Sauerstofftransportkapazität steigt. Der **Hämatokrit** sinkt beim Mann um rund 3 % (von etwa 45 % auf ca. 42 %). Dieses physiologische Absinken des Hämatokrits wird in der Dopingfahndung nicht wahrgenommen. Es drohen Embolien, Thrombosen und Infarkte, da das dickflüssige Blut schwerer durch die Kapillaren geht und so Gefäße verschließen kann. Da ein hoher Hämatokitwert nicht als Dopingnachweis gilt, wird der Sportler für zwei Wochen zu seinem eigenen Schutz gesperrt.

- Ausdauertraining bewirkt außerdem einen Anstieg der für die Muskelkontraktion notwendigen Kalzium- und Kaliumionen sowie eine vermehrte Produktion von Lymphozyten, die für ein verbessertes Immunsystem sorgen. Ferner ist der ausdauertrainierte Sportler besser dazu in der Lage, sein Blutvolumen umzuverteilen, um spezifische Belastungen besser bewältigen zu können.
- Die hohe Leistungsfähigkeit eines Ausdauertrainierten bewirkt eine **Gesundheitsprophylaxe**, in dem Sinne, dass Erkrankungen besser widerstanden wird, Verletzungen schneller heilen und degenerativen Herz-Kreislauf-Erkrankungen vorgebeugt werden kann.
- Im Blut befinden sich darüber hinaus die sogenannten **Makrophagen**, die Fresszellen. Sie werden durch ausdauerorientiertes Training in Anzahl und Größe um ein Vielfaches schlagkräftiger. Da die Makrophagen als Teil des Immunsystems an der Beseitigung mutierter Zellen (Krebs) beteiligt sind, wird Sport als zentrales Heilmittel in der Krebstherapie eingesetzt.

Anpassungserscheinungen der **Atmung:**

- Durch das erhöhte **Atemvolumen** kann sich der Trainierte schneller auf wechselnde Anforderungen einstellen, außerdem ist eine tiefere Atmung ökonomischer als eine erhöhte Atemfrequenz. Ursache hierfür ist vor allem die größere Austauschfläche in den verzweigten Alveolen der Lunge.
- Ebenso wird die **Atemmuskulatur** als solche gestärkt und arbeitet so ökonomischer. Eine Ursache für Seitenstechen ist eine Minderdurchblutung des Zwerchfells, was durch regelmäßiges Training weitestgehend vermieden werden kann.

Anpassungserscheinungen der **Skelettmuskulatur:**

- Eine der wichtigsten adaptiven Veränderungen stellt die verbesserte **Kapillarisierung** der Skelettmuskulatur dar. Durch die Zunahme der Zahl der feinen Blutgefäße sowie deren Querschnittsvergrößerung wird die Gesamtaustauschfläche für die Sauerstoff- und Nährstoffaufnahme größer, die Diffusion wird wesentlich erleichtert.
- Dieser verbesserten Sauerstoffausschöpfung passen sich auch die sauerstoffverbrennenden Energiesysteme der **Muskelzelle** an. Neben einer Vermehrung und Vergrößerung der Mitochondrien (Ort der aeroben Energiegewinnung) und der Aktivitätssteigerung der Enzyme des aeroben Stoffwechsels ist ein Anstieg des Glykogen- und Myoglobingehaltes (intrazelluläre Sauerstoffspeicher) festzustellen.
- Darüber hinaus führt der kontinuierlich wiederkehrende Bewegungsablauf zu einer Verbesserung der inter- und intramuskulären **Koordi-**

nation, d. h., das Zusammenspiel der einzelnen Muskeln (intermuskulär) wie auch der einzelnen Muskelfasern (intramuskulär) wird optimiert. Der gesamte Bewegungsablauf wird dadurch ökonomischer und verbraucht letztlich weniger Energie.

Weitere Veränderungen, auf die an dieser Stelle nicht näher eingegangen wird, betreffen das hormonelle System, das Gefäßsystem und nicht zuletzt die Psyche des Sportlers.

2 Formen der Ausdauer

In den einzelnen Sportarten bestimmen verschiedene Formen der Ausdauer bzw. deren Kombinationen die Leistungsfähigkeit, wobei es verschiedene Einteilungs- und Strukturierungsmöglichkeiten gibt.

Anteil der beanspruchten Muskulatur:

- **Lokale Ausdauer:** Darunter versteht man die Ausdauer einer relativ kleinen Muskelmasse von bis zu 1/6 bis 1/7 der Gesamtmuskulatur. Diese Muskelmasse entspricht z. B. mehr als der Muskelmasse eines Beines, aber weniger als der Muskulatur beider Beine zusammen.
- **Allgemeine Ausdauer:** Der Einsatz größerer Muskelanteile stellt eine allgemeine Ausdauerbelastung dar.

Ziel der Ausdauer:

- **Grundlagenausdauer:** Eine gute Grundlagenausdauer stellt über alle Leistungsbereiche hinweg ein lohnendes Trainingsziel dar. Sie ist elementar für die Entwicklung einer speziellen Ausdauer. Das Grundlagenausdauertraining kann disziplinunabhängig erfolgen, entscheidend ist die geringe Intensität bei großen Umfängen. Eisschnellläufer fahren Rad, Schwimmer laufen und Läufer betreiben Ballsportarten, um in ihrem oft monotonen Training andere Reize zu setzen.

> „**Grundlagenausdauer** ist die sportartunabhängige Ermüdungswiderstandsfähigkeit bei Langzeitbelastungen unter dem Einsatz großer Muskelgruppen." (JONATH)

- **Spezielle Ausdauer:** Die spezielle Ausdauer baut auf der allgemeinen Ausdauer auf. Sie orientiert sich näher an den individiuellen Wettkampfsituationen und ist sportartspezifisch. Je nach Zeitdauer des Wettkampfes kann es zu unterschiedlichen Ausprägungen der speziellen Ausdauer kommen.

> „**Spezielle Ausdauer** ist die Fähigkeit, eine spezifische Belastung in einem Zeitraum wirkungsvoll auszuführen, der von den Erfordernissen seiner Spezialisierung bedingt ist.“ (LETZELTER)

Der individuelle Charakter der speziellen Ausdauer ist nicht übertragbar. Radprofis tun sich in der Regel sehr schwer beim Schwimmen, Marathonläufer sind meistens miserable Radfahrer. Allen gemeinsam ist eine sehr gut entwickelte Grundlagenausdauer, ihre Spezialisierung beschränkt allerdings den Transfer. Weitere Faktoren der speziellen Ausdauer sind psychische Eigenschaften, Bewegungsökonomie sowie taktische Fähigkeiten. Neben den bereits erwähnten psychischen Fähigkeiten wie Entschlusskraft, Willen und Selbstvertrauen bewirkt eine saubere Technik einen ökonomischeren Muskeleinsatz, sodass die gleiche Leistung mit weniger Energie erbracht werden kann; all dies trägt zur Verminderung der Ermüdung bei.

Grundlagenausdauer	**Spezielle Ausdauer**
• allgemein aerobe Ausdauer • allgemeine Kraftausdauer • allgemeine Schnelligkeitsausdauer	• spezielle aerobe Ausdauer • spezielle Schnelligkeitsausdauer • spezielle Kraftausdauer • Ökonomie • psychische Eigenschaften
Allgemein entwickelnde Übungsformen	Spezielle Übungsformen/ Wettkampfübungsformen
• Dauermethoden • Intervallmethoden	

Tab. 9: Zusammenhänge der Grundlagenausdauer und der speziellen Ausdauer

Dauer der Belastung:

- **Kurzzeitausdauer:** Hierbei liegt die Dauer der Belastungen etwa zwischen 45 s und 2 min. Diese Dauer entspricht z. B. den Schwimmstrecken über 100 und 200 m, den Laufstrecken über 400 und 800 m und einer Bahnradfahrstrecke von 1 000 m. Limitierend für die Kurzzeitausdauer ist die anaerobe Kapazität, und zwar als Schnellkraft- bzw. Schnelligkeitsausdauer. Je mehr sich die Dauer in Richtung der 2 min bewegt, desto bedeutender ist die aerobe Kapazität. Wettkämpfe, die kürzer als 45 s dauern, werden von der Kraft bzw. den Schnelligkeitseigenschaften bestimmt.
- **Mittelzeitausdauer:** Davon wird gesprochen, wenn für das Zurücklegen einer Strecke zwischen 2 und 11 min benötigt werden. In

dieser Zeit legen Eisschnellläufer 3 000 und 5 000 m, Ruderer 2 000 m, Schwimmer 800 m und Leichtathleten 3 000 m zurück. Die Mittelzeitausdauer ist durch Mischformen der Energiegewinnung (aerob und anaerob) geprägt. Auch hier wächst der Anteil der aeroben Kapazität mit der Länge des Wettkampfes. Das Training dieser Sportler ist bereits sehr stark an der Grundlagenausdauer orientiert, da das anaerobe Ausdauertraining intensiver durchgeführt werden kann, wenn die aerobe Leistungsfähigkeit sehr gut entwickelt ist.

- **Langzeitausdauer:** In diesen Bereich, der ab einer Zeitdauer von mehr als 11 min anzusetzen ist, fallen Laufstrecken über 5 000 und 10 000 m, der Marathon (auch Ultramarathons), außerdem Schwimmwettkämpfe im Becken über 1 500 m und im freien Gewässer über 5 und 25 km sowie wie praktisch alle Straßenradsportwettbewerbe, Triathlons und Skilanglaufrennen. Die Bedeutung der anaeroben Kapazität nimmt mit zunehmender Wettkampfdauer immer mehr ab, die aerobe Ausdauer dominiert. Dennoch ist für Leistungssportler dieser Sportarten die anaerobe Kapazität oft entscheidend, wenn es zu Zwischen- oder Endspurts kommt.

3 Trainingsmethoden

Das Training der Ausdauer basiert in erster Linie auf Dauer-, Wettkampf- und Intervallmethoden.

Die **Dauermethoden** sind dadurch gekennzeichnet, dass keine Belastungspausen erfolgen. Das Training erfolgt über einen längeren Zeitraum mit gleichbleibender oder variabler Intensität.

- Die **kontinuierliche Dauermethode** erfordert eine gleichbleibende Intensität über einen längeren Zeitraum. Die Belastung steigt wegen der zunehmenden Ermüdung stetig an. Der Umfang der Belastung beträgt mindestens 30 min und geht bis zu 8 h, etwa bei Radprofis und Triathleten. Um der Belastung standhalten zu können, ist die Intensität des Trainings entsprechend niedrig und liegt bei 50–80 % des maximalen Leistungsvermögens.
  Der Nachteil dieser Trainingsform liegt darin, dass das Leistungsvermögen stagniert, wenn diese Methode über einen längeren Zeitraum angewendet wird. Variationen in der Intensität und Kombinationen mit Intervallmethoden sind daher notwendig.
- Die **Tempowechselmethode** ist gekennzeichnet durch das planmäßige Variieren der Geschwindigkeit. Nach vorgegebenen Zeit- oder Streckenabschnitten wird das Tempo bis in den anaeroben Bereich gesteigert. Das entstandene Sauerstoffdefizit wird anschließend in

Phasen mit geringerem Tempo teilweise oder ganz kompensiert. So kommt es zu einer Verbesserung der anaeroben Kapazität, die für Zwischen- oder Endspurts entscheidend ist.

- Beim **Fahrtspiel** sind die Intensitätswechsel nicht geplant, sondern erfolgen spontan, z. B. an Steigungen oder nach persönlicher Befindlichkeit. Das Spiel mit der Geschwindigkeit kann zu Antritten, Sprints, Koordinationsläufen oder auch Gehpausen führen.

Die Dauermethoden verbessern vor allem die Grundlagenausdauer (allgemeine oder aerobe Ausdauer). Beteiligt sind alle Energiesysteme, die für die Energiebereitstellung mit Sauerstoff verantwortlich sind. Je größer der Umfang des Trainings, desto höher ist der Anteil der Fettverbrennung, weil die Intensität niedrig ist. Intensiveres Training steigert die Fähigkeit des Organismus, die Glykogenspeicher zu mobilisieren. Eine weitere Funktion einer soliden Grundlagenausdauer ist die stark verbesserte Regenerationsfähigkeit nach hohen Belastungen. Daher werden die Dauermethoden auch in nicht rein ausdauerspezifischen Disziplinen angewendet. Außerdem werden die psychischen Komponenten wie z. B. Willenskraft und Durchhaltevermögen geschult.

Die **Intervallmethoden** sind von Pausen (Intervalle) geprägt, mithilfe derer sich die Intensität der Trainingsreize trotz großer Trainingsumfänge hoch halten lässt. Die Pausen können aktiv oder passiv, vollständig oder lohnend sein. Die Trainingsvorgaben müssen präziser sein als bei den Dauermethoden. So müssen Angaben bezüglich der Dauer der Einzelübungen, der Dauer und Art der Erholungsintervalle (Reizdichte) und der Anzahl der Wiederholungen (Reizumfang) erfolgen.
Nach Intensität und Umfang werden die intensive und die extensive Intervallmethode unterschieden. Außerdem zählt die Wiederholungsmethode hierzu.

- Die **extensive Intervallmethode** zeichnet sich durch geringe bis mittlere Intensität (60–90 %) und relativ hohe Umfänge (12–40 Wiederholungen) aus. Die Reizdauer liegt zwischen 15 s und 15 min. Die Pausen werden aktiv gestaltet und sind lohnend. Die Ermüdung kumuliert von Wiederholung zu Wiederholung und von Serie zu Serie. Ziel der extensiven Intervallmethode ist die Steigerung der Sauerstoffaufnahme und somit die Ökonomisierung des Muskelstoffwechsels.
- Die **intensive Intervallmethode** wird vor allem angewendet, wenn hohe Belastungen unter anaeroben Bedingungen erforderlich sind. Dementsprechend sind die Intensität höher (80–90 %), die Umfänge (10–12 Wiederholungen) und die Serienanzahl geringer.

- Die **Wiederholungsmethode** dient ausschließlich der Verbesserung der anaeroben Ausdauer. Die Reize sind maximal oder submaximal (90–100 %) und die Umfänge gering (bis zu 6 Wiederholungen). Die Pause ist hier vollständig, die nächste Belastung soll mit der gleichen Intensität erfolgen. Die Reizdauer liegt in der Regel unter der Wettkampfdauer und so kann es sogar zu Intensitäten von über 100 % (supramaximales Training) kommen. Durch die maximalen Intensitäten kommt es zu Anpassungserscheinungen der anaeroben Energiespeicher (Kreatinphosphat, Glykogen).

Sk

Bei der **Wettkampf- und Kontrollmethode** liegt der Schwerpunkt auf wettkampfnaher Belastung. Die Belastung ist mit der Wettkampfdauer identisch oder auch kürzer oder länger und die Intensität angemessen.

Sk

- Es kann bisweilen sinnvoll sein, **Wettkämpfe** als Aufbauwettkämpfe einzubinden, da hier alle Umstände real sind (Gegner, Zuschauer) und die psychischen Komponenten (Durchsetzungsvermögen, Wettkampftaktik und Willenskraft) eine Rolle spielen. Die Ergebnisse spiegeln das Training wider und erlauben Rückschlüsse für die anschließende Trainingssteuerung.
- Bei der **Kontrollmethode** wird z. B. die Wettkampfstrecke in Abschnitte unterteilt, die exakt im Wettkampftempo zurückgelegt werden müssen. Sie dient in erster Linie dazu, das Tempogefühl des Sportlers zu entwickeln.

14 Schnelligkeitstraining

„**Schnelligkeit** bei sportlichen Bewegungen ist die Fähigkeit, auf einen Reiz bzw. ein Signal hin schnellstmöglich zu reagieren und/oder Bewegungen bei geringen Widerständen mit höchster Geschwindigkeit durchzuführen.“ (MARTIN)

Physikalisch lässt sich die Geschwindigkeit (v) als Weg (in m) pro Zeit beschreiben, Beschleunigung (a) als Geschwindigkeitsänderung pro Zeit.

$$v = \frac{m}{s}$$

$$a = \frac{m}{s^2}$$

Die Geschwindigkeit kann auch als das Produkt aus Beschleunigung und Zeit angesehen werden, wobei die Beschleunigung von der wirkenden Kraft (F) und der Masse (m) des Körpers abhängt.

$$F = m \cdot a$$

Limitierend für die Geschwindigkeit sind bei geringen äußeren Widerständen die Nervenprozesse, bei großen äußeren Widerständen die Kraft.
Für Schnelligkeit steht in erster Linie der 100 m-Sprinter, jedoch ist die Sprintfähigkeit nur eine Dimension: Einzelne Schnelligkeitseigenschaften treten in Kombination auf (Kraftschnelligkeit, Schnelligkeitsausdauer). Schnelligkeit spielt nicht nur in der Leichtathletik eine Rolle, sondern auch beim Schwimmen, im Kampfsport oder bei Ballspielen.

1 Biologische Voraussetzungen und Anpassung

Im Wesentlichen wird die Schnelligkeit durch die Struktur der Muskelfasern bestimmt. Weitere Faktoren sind die Kontraktionsgeschwindigkeit der Muskulatur und die Geschwindigkeit, mit der eine Impulsübertragung vom Zentralnervensystem in die Peripherie (motorische Endplatte) erfolgt und dort in Bewegung umgesetzt wird, sowie die Faserdicke der Leitungsbahnen. Da all dies im Wesentlichen genetisch determiniert ist, sind durch Training nur begrenzt Anpassungserscheinungen zu erreichen. Allerdings lässt sich durch regelmäßiges Üben die **intermuskuläre Koordination** verbessern, sodass die Bewegungen unbewusster, automatischer und somit schneller ablaufen.
Die Schnelligkeit von Bewegungsabläufen wird schließlich auch von der Muskelelastizität (Dehnbarkeit, Entspannungsfähigkeit), von biomechanischen Prozessen (ATP- und KP-Gehalt, Pufferkapazität des Blutes), der Willenskraft, aber auch von der Qualität der Technik bestimmt. Der **Dehnungsreflex** ist trainierbar und findet bei sehr schnellen sportlichen Bewegungen seine Funktion.

2 Formen der Schnelligkeit

Schnelligkeit ist eine motorische Grundeigenschaft und hat koordinative und konditionelle Komponenten. Man gliedert Schnelligkeit in einen elementaren und einen komplexen Teil.

- Zur **elementaren Schnelligkeit** gehören die einfache Reaktionsschnelligkeit, die azyklische Sequenzschnelligkeit und die zyklische

Frequenzschnelligkeit: Die einfache Reaktionsschnelligkeit meint eine einfache Bewegung nach einem einfachen Reiz. Die azyklische Sequenzschnelligkeit bezieht sich auf eine Bewegung ohne oder mit nur einem Umkehrpunkt zwischen dem Anfangs- und dem Endpunkt ohne großen Kraftaufwand (z. B. Tischtennisschlag). Die zyklische Frequenzschnelligkeit ist bei einer einfachen Bewegungsfolge ohne großen Krafteinsatz gemeint (z. B. Skippings).

- Die **komplexe Schnelligkeit** oder Handlungsschnelligkeit wird differenziert in die komplexe Reaktionsschnelligkeit, also bei einer Wahlreaktion mit einfacher oder komplexer Folgebewegung, sowie die azyklische Bewegungsschnelligkeit (komplexe Bewegungen mit Schnellkrafteinsatz: Schläge, Würfe, Sprünge) und die zyklische Bewegungsschnelligkeit (komplexe Bewegungen mit Schnellkrafteinsatz: Antritte, Beschleunigungsphasen).

3 Trainingsmethoden

Schnelligkeit unterliegt einer Vielzahl von Einflussfaktoren, von denen nur wenige durch Training beeinflusst werden können. Talent, neurophysiologische und morphologische Voraussetzungen (Skeletthebel, Muskellängen) und Muskelfasertypenverteilung sind weitgehend genetisch festgelegt.

- Im Zentrum des Schnelligkeitstrainings stehen die **Wiederholungsmethode**, die **Wettkampfmethode** und die **intensive Intervallmethode**. Dabei ist ganz typisch für das Training der Schnelligkeit, dass die Belastungsdauer sehr kurz ist, in der Regel zwischen 6 und 8 Sekunden. Die Pause zwischen den einzelnen Wiederholungen liegt bei mindestens 60 s.
- Ergänzend kommen **Koordinationsübungen** hinzu, wenn es sich um komplexere Schnelligkeitsleistungen handelt.
- Schnelligkeit hat stets einen psychischen Anteil, weshalb auch **mentale Trainingsmethoden** im Schnelligkeitstraining sinnvoll sind.

15 Krafttraining

Kraft meint im Sport die Fähigkeit eines Muskels, Widerstände zu überwinden, sie im Gleichgewicht zu halten oder ihnen entgegenzuwirken.

Die Kraft ist für sportliche Bewegungen eine elementare Fähigkeit. Physikalisch betrachtet ist Kraft (F) das Produkt aus Masse (m) und Beschleunigung (a).

$$F = m \cdot a$$

Aus dieser Formel lassen sich zwei Möglichkeiten ableiten, die Kraft zu erhöhen: entweder durch größere Masse bei geringen Beschleunigungen (z. B. Bankdrücken) oder durch höhere Beschleunigungen bei kleinen Massen (z. B. Tischtennis). Da mit steigender Maximalkraft eine bestimmte Last (= Masse) mit größerer Beschleunigung und somit mit größerer Geschwindigkeit bewegt werden kann (z. B. Kugelstoßen), ergibt sich ein enger Zusammenhang von Kraft und Schnelligkeit.
Allerdings kann die physikalische Definition von Kraft aufgrund der vielfältigen Erscheinungsformen der Kraft, der Muskelarbeit und der Muskelanspannung nicht einfach auf die physiologische Ebene übertragen werden.

1 Biologische Voraussetzungen und Anpassung

- **Intramuskuläre Koordination:** Bereits in den ersten zwei bis drei Wochen eines Krafttrainings nimmt die Maximalkraft zu. Dieser Kraftzuwachs ist auf eine verbesserte intramuskuläre Innervation zurückzuführen, d. h., es können bei einer willkürlichen maximalen Kontraktion mehr Muskelfasern kontrahiert werden. Durch ein spezielles Krafttraining (maximale Reize mit geringer Wiederholungszahl) kann jedoch auch bei trainierten Sportlern die intramuskuläre Koordination weiter verbessert werden. Auf diese Weise wird eine Maximalkraftsteigerung ohne die mit einer Muskelhypertrophie zwangsläufig verbundene Zunahme des Körpergewichts erreicht. Insbesondere in Sportarten, bei denen das Körpergewicht transportiert werden muss (z. B. Radsport) oder bei denen es Gewichtsklassen gibt und große Kräfte notwendig sind, ist dies von Bedeutung. Bei gleicher Muskelmasse bzw. gleichem Muskelquerschnitt wird der Sportler nur aufgrund einer besseren intramuskulären Innervation eine größere Kraft entwickeln können.
- **Muskelquerschnitt:** Entscheidend hängt die Kraft eines Muskels von seiner Querschnittsfläche ab. Wird der Muskelquerschnitt durch ein adäquates Krafttraining erhöht, erhöht sich auch die Kraft des Muskels. Physiologisch ist eine Querschnittszunahme auf die Verdickung jeder einzelnen Muskelfaser zurückzuführen **(Hypertrophie)**.

Dabei ist zu beachten, dass vor allem die FT-Fasern durch Krafttraining ihren Querschnitt vergrößern, weshalb sie einen wesentlich größeren Anteil an der Maximalkraft haben als die ST-Fasern.
Ob es zu einer Kraftzunahme mittels Hypertrophie kommt, hängt von der Art des Krafttrainings ab: Nur bei ausreichend langer Reizeinwirkung (8–12 Wiederholungen) und mittleren Intensitäten (ca. 40–60 % der Maximalkraft) wird eine Muskelquerschnittszunahme bewirkt. Die bei der Muskelkontraktion entwickelte mechanische Spannung wird als eine mögliche Ursache für das Dickenwachstum der Muskelfaser angesehen. Der erhöhte Stoffwechsel und die nach ihrer Zerstörung (Training) stärker aufgebauten Strukturen sind die beiden anderen möglichen Ursachen. Alle drei Mechanismen werden durch unmittelbar anschließende Trainings- oder Entspannungsmaßnahmen (z. B. Sauna, Stretching) gestört. Bei einem komplexen Training steht daher das Krafttraining sinnvollerweise am Ende.
Wie alle durch sportliches Training hervorgerufenen Anpassungen stellt auch die Muskelhypertrophie letztlich einen Vorsorgemechanismus dar, der einen relativen Schutz vor Überlastung gewährleisten soll. Zukünftige intensive Spannungsreize können auf eine größere Zellmasse verteilt werden, wodurch die Belastung der einzelnen Muskelfaser geringer wird.
Theoretisch kann die Vergrößerung des Muskelquerschnitts auch auf einer Zunahme der Zahl von Muskelfasern – also auf einer Zellvermehrung **(Hyperplasie)** – beruhen.
Eine Vergrößerung des Muskelquerschnitts erfolgt erst einige Zeit nach Aufnahme des Trainings.

2 Formen der Kraft

Kraft tritt als komplexe motorische Eigenschaft niemals isoliert auf, sondern stets in Kombination mit anderen konditionellen Fähigkeiten. So benötigt ein Gewichtheber auch bestimmte Schnelligkeitseigenschaften, während in anderen Sportarten, z. B. im Radsport beim Einzelzeitfahren, eine relativ große Kraft über einen längeren Zeitraum aufrecht erhalten werden muss. Kraftformen werden unterschieden in Maximalkraft, Schnellkraft (Sonderform: Explosivkraft) und Kraftausdauer. Da diese Formen nicht isoliert voneinander wirken, dient diese Unterscheidung vorwiegend der Planung und Steuerung von Krafttraining. Besonders eng verknüpft sind Maximalkraft und Schnellkraft.

- **Maximalkraft:** Das tatsächliche Kraftpotenzial eines Muskels (Absolutkraft) ist nicht willkürlich abrufbar, es bleibt immer eine Kraftreserve in Form von inaktiven motorischen Einheiten. Durch Maximalkrafttraining wird dieses Kraftdefizit vermindert.

> „Die Maximalkraft ist die höchste Kraft, die das Nerv-Muskelsystem bei maximaler willkürlicher Kontraktion auszuüben vermag." (HARRE)

Man unterscheidet zwischen **statischer** (oder isometrischer) und **dynamischer** Maximalkraft. Statische Kraft ist diejenige, die bei unbeweglichen Widerständen aufgewendet wird und bei der die Länge des Muskels gleich bleibt. Bei der dynamischen Kraft hingegen kommt es zu einer Längenänderung des Muskels: Wenn sich der Muskel verkürzt, spricht man von konzentrischer Kraft, wenn er passiv gedehnt wird, von exzentrischer.
Die Maximalkraft hängt vom physiologischen Muskelquerschnitt, der intermuskulären Koordination (Koordination zwischen den Muskeln) und der intramuskulären Koordination (Koordination innerhalb eines Muskels, Rekrutierung der motorischen Einheiten) ab. Über jede dieser drei Komponenten kann eine Verbesserung der Maximalkraft erreicht werden.

- **Schnellkraft:** Schnellkraft äußert sich im Gegensatz zur Maximalkraft oder der Kraftausdauer ausschließlich in Verbindung mit Bewegungsabläufen. Sie dominiert in Sportarten mit Sprintphasen oder mit hohen Endgeschwindigkeiten. Schnellkraft bildet quasi die Schnittstelle zwischen Kraft und Schnelligkeit und wirkt je nach äußerem Widerstand zwischen diesen beiden Polen.

> „Die Schnellkraft ist die Fähigkeit, in kürzester Zeit möglichst hohe Kraftwerte bei einer einmaligen größtmöglichen willkürlichen Anstrengung zu entwickeln." (BÜHRLE/ SCHMIDTBLEICHER)

Die Schnellkraftfähigkeit hängt von der Muskelfaserverteilung (Anteil der FT-Fasern), vom Muskelquerschnitt und von der intramuskulären Koordination ab.

Explosivkraft: Davon spricht man, wenn während eines Kraft-Zeit-Verlaufs die Kraftzunahme pro Zeiteinheit maximal ist. Dies ist in Sportarten wie Hoch- oder Weitsprung relevant, bei denen in einer sehr kurzen Zeitspanne eine maximale Kraftentfaltung notwendig ist.

- **Kraftausdauer:** Kraftausdauer ist eine Eigenschaft, die sich aus den Komponenten Kraft und Ausdauer zusammensetzt. Vor allem Radsportler und Ruderer sind darauf angewiesen, weil sie recht hohe Kraftleistungen über einen längeren Zeitraum erbringen müssen.
  Je nach Reizintensität oder Reizumfang tendiert die Kraftausdauer mehr zur Kraft oder mehr zur Ausdauer. Ebenso wie die Maximalkraft kann die Kraftausdauer dynamisch oder statisch wirksam werden. Die statische Kraftausdauer kommt nur in sehr wenigen Sportarten zur Anwendung (z. B. Schießsport, Abfahrtslauf).

> „Kraftausdauer ist die Widerstandsfähigkeit des Organismus gegen Ermüdung bei lang andauernden Kraftleistungen." (HARRE)

Die Kraftausdauerfähigkeit hängt von der Maximalkraft, den Ausdauerfähigkeiten (in erster Linie Energiestoffwechsel) und der Muskelfaserverteilung (Anteil der ST-Fasern) ab.

3 Trainingsmethoden

Die Methoden beim Krafttraining lassen sich nach **Trainingsinhalten** (statisch, dynamisch oder kombiniert) oder aber nach den verschiedenen **Krafteigenschaften** (Maximalkraft, Schnellkraft oder Kraftausdauer) einteilen.

Trainingsinhalte:

- **Statisches (isometrisches) Krafttraining:** Der oder die Muskeln kontrahieren, es ist aber keine Bewegung erkennbar.
- **Dynamisches Krafttraining:** Hierbei kontrahieren ein oder mehrere Muskeln und es ist eine Bewegung erkennbar. Diese kann konzentrisch sein, d. h., der Muskel verkürzt sich (z. B. Armbizeps beim Beugen), oder aber exzentrisch, d. h., der Muskel gibt nach (z. B. bremsende Bewegungen).
- **Kombiniertes Krafttraining:** Im Moment der maximalen Kontraktion wird eine ein- bis zweisekündige statische Pause eingelegt.

Krafteigenschaften:

- **Maximalkrafttraining:** Da die Maximalkraft die dominierende Kraft für Schnellkraft und Kraftausdauer ist, wird vor allem diese trainiert. Das Training der Maximalkraft ist durch hohe Serien- und Wiederholungszahlen bei submaximalen Lasten (60–85 %) gekennzeichnet. Das Bewegungstempo ist zügig bis langsam und die Serienpause

soll 2 min betragen. Entscheidend für den Trainingserfolg ist die völlige Erschöpfung der Muskulatur.
Bei der Standardmethode werden 3–5 Serien mit 8–10 Wiederholungen und 80 % durchgeführt. Außerdem wird die Pyramidenmethode eingesetzt: 12 Wiederholungen mit 70 %, dann 10 Wiederholungen mit 80 %, 7 Wiederholungen mit 85 % und 5 Wiederholungen mit 90 % werden mit Pausen von 3–5 min durchgeführt. Diese Methoden dienen der Erhöhung der Maximalkraft durch den Aufbau von Muskelmasse (Hypertrophie). Eine andere Möglichkeit, die Maximalkraft zu verbessern, stellt die Verbesserung der intramuskulären Koordination dar. Dazu werden bisher inaktive Muskelfasern in die Bewegung eingebunden (Rekrutierung) und aktive Muskelfasern besser angesteuert (Frequentierung). Dieses sogenannte IK-Training erfolgt durch wenige Wiederholungen (1–5) bei hohen Intensitäten (80–100 %) und hohen Satzzahlen (5–8) mit einer Pause von 2 min. Dieses hochintensive Training ist für Einsteiger nicht sinnvoll und findet im leistungsambitionierten Sport Anwendung.

- **Schnellkrafttraining:** Die Schnellkraft kann durch eine verbesserte Koordination oder durch Reaktivkrafttraining verbessert werden. Um dies zu erreichen, sind kurzzeitig ausgeführte explosive Maximalkontraktionen gegen sehr hohe Lasten (90–100%) notwendig. Typisch ist folgendes Training: 3 Wiederholungen mit 90 %, 1 Wiederholung mit 95 % und 1 Wiederholung mit 100 %, ehe ein Steigerungsversuch unternommen wird. Die Pause muss wegen der enormen Anstrengung 5 min betragen.
  Die Reaktivkraft kann durch sogenannte plyometrische Trainingsformen verbessert werden: Dabei folgen starke exzentrische und explosiv konzentrische Bewegungen unmittelbar aufeinander (z. B. Niedersprünge mit anschließendem Sprung auf einen Kasten).
- **Kraftausdauertraining:** Nur in seltenen Fällen wird die Kraftausdauer spezifisch anders trainiert als beim Maximalkrafttraining. Die Verbesserung der Kraftausdauer erfolgt außer durch eine Steigerung der Maximalkraft durch ein Training der aeroben Ausdauer.

16 Beweglichkeitstraining

„Beweglichkeit ist die Fähigkeit und Eigenschaft des Sportlers, Bewegungen mit großer Schwingungsweite selbst oder unter dem unterstützenden Einfluß außerer Kräfte durchführen zu können.“ (WEINECK)

In der Fachliteratur werden Gelenkigkeit und Biegsamkeit häufig als Synonyme verwendet.

1 Biologische Voraussetzungen und Anpassung

- Die Voraussetzungen für eine gute Beweglichkeit sind – je nach **anatomisch-physiologischen Grundlagen** – individuell sehr verschieden. Determinierende Faktoren sind z. B. Form der Gelenkflächen, Länge und Dehnbarkeit der Muskeln, Sehnen und Bänder sowie die Kraft der Muskulatur, aber auch neurophysiologische Steuerungsprozesse.
- Die Beweglichkeit ist aber auch vom **Alter** eines Menschen abhängig. Während es in der Kindheit noch möglich ist, extreme Bewegungen in allen Gelenken auszuführen, nimmt die Flexibilität mit zunehmendem Alter durch versteifende, degenerative Prozesse allmählich ab. Aus diesem Grund werden die Sportarten, in denen eine unphysiologische Beweglichkeit quasi notwendig ist (z. B. Turnen, Eiskunstlauf), von sehr jungen Sportlern dominiert.

Über funktionelle **Anpassungen** können diese Parameter grundsätzlich beeinflusst werden.

- So nimmt mit steigender **Temperatur** die Elastizität eines Muskels zu, gleichzeitig folgt eine bessere Gewebedurchblutung.
- **Emotionale Erregung** bei Wettkämpfen und Ermüdung wirken sich hingegen negativ auf die Beweglichkeit aus.
- Durch das sogenannte **Vordehnen** wird die Verformbarkeit der Muskeln größer, d. h., sie werden länger. Werden allerdings die von den Muskelspindeln ausgelösten Schutzmechanismen wiederhergestellt, ist das Dehnen überflüssig, werden die Schutzmechanismen hingegen deaktiviert, dann steigt dafür das Verletzungsrisiko. Dehnen ist somit allenfalls Bestandteil des Cool-downs, also des Schlussteils des Trainings, zumindest solange die muskuläre Erschöpfung nicht vollständig ist. Aufgrund der Erfolge des therapeutischen Dehnens im Rahmen der Osteopathie trat es seinen Siegeszug auch im Sport an. Allerdings konnten Studien bisher keinen Nachweis über die Wirksamkeit des Stretchings liefern.

2 Formen der Beweglichkeit

Während mit **Gelenkigkeit** die Beweglichkeit der Gelenke bezeichnet wird, versteht man unter **Dehnfähigkeit** die Beweglichkeit der Muskeln, Sehnen und Bänder.

- Die **allgemeine Beweglichkeit** umfasst den normalen Bewegungsumfang der Gelenke besonders in den drei wichtigsten Gelenksystemen Schulter, Hüfte und Wirbelsäule. Objektive Angaben über die Bewegungsamplitude können nicht gemacht werden, da Temperatur, Tageszeit, Alter, Geschlecht und Trainingszustand einen zu großen Einfluss haben.
- Die **spezielle Beweglichkeit** bezieht sich auf bestimmte, für die jeweilige Sportart relevante Gelenke. So ist z. B. das Schultergelenk des Schwimmers oder das Hüftgelenk des Hürdenläufers überdurchschnittlich beweglich.
- Bei der **statischen Beweglichkeit** wird die Gelenkstellung eine gewisse Zeit belastet oder unbelastet gehalten (stabilisiert).
- Im Gegensatz dazu beinhaltet die **dynamische Beweglichkeit** die maximal mögliche Bewegungsamplitude durch Muskeleinsätze. Sie ist größer als die statische Beweglichkeit.

- Von **aktiver Beweglichkeit** spricht man, wenn bestimmte, zu dem Gelenk gehörende Muskelgruppen das Gelenk aktiv bewegen (eigene Muskeltätigkeit).
- Die **passive Beweglichkeit** entsteht durch die Einwirkung äußerer Kräfte (Gegner, Schwerkraft). Ihr Bewegungsumfang ist größer als der der aktiven Beweglichkeit.

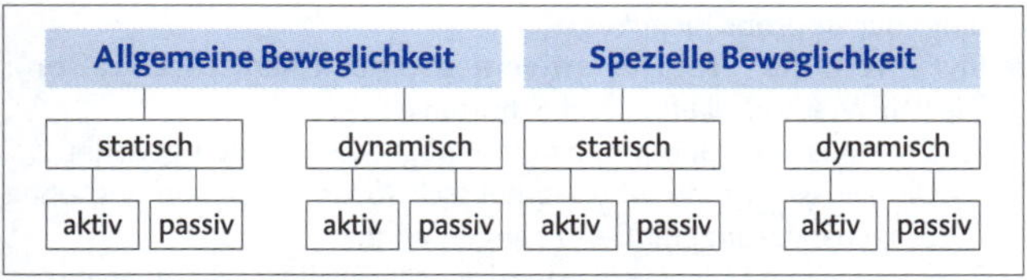

Abb. 18: Formen der allgemeinen und der speziellen Beweglichkeit

3 Trainingsmethoden

Beweglichkeit ist zwar recht leicht trainierbar, aber ebenso schnell kehrt die Elastizität von Muskeln, Sehnen und Bändern wieder auf das Ausgangsniveau zurück. Können durch Verletzungen oder Unfälle Gelenke eine Zeit lang nicht bewegt werden, ist die anschließende Mobilisation daher oft sehr zeitaufwendig.
Hat man in seiner aktiven Beweglichkeit die Grenze der anatomischen Möglichkeiten erreicht, kann jedes Überschreiten dieser Grenze zu Schädigungen führen, insbesondere wenn Synergisten und Antagonis-

ten nicht kräftig genug sind, um bremsend zu wirken. Daher ist es absolut notwendig, dass Dehnübungen stets mit Kräftigungsübungen verbunden werden.

Übertriebenes Beweglichkeitstraining kann die Schnelligkeitsfähigkeit ungünstig beeinflussen, weshalb niemals eine optimale Beweglichkeit anzustreben ist. Vielmehr ist es sinnvoll, eine für die jeweilige Sportart hinreichende Beweglichkeit zu erreichen.

Beweglichkeitsübungen haben aber auch eine kompensatorische und prophylaktische Funktion: Intensive sportliche Belastungen führen zu einem erhöhten Muskeltonus, der durch Dehnübungen abgebaut werden kann. Vor Kraft- und Schnelligkeitsübungen kann zu diesem Zweck die Muskulatur vorgedehnt werden, wobei zu beachten ist, dass durch langsames Dehnen die Muskelspindeln, die vor Überdehnung und Rissen schützen sollen, außer Kraft gesetzt werden.

- **Stretching:** Möchte man den Reflex der Muskelspindel überlagern, muss die Dehnposition langsam eingenommen und ca. 6–8 s gehalten werden. Danach treten die Golgi-Sehnenorgane in Aktion, die den Muskel weiter erschlaffen lassen. Dies ist für den Sportler spürbar, da die Spannung nachlässt und eine erweiterte Stretchingposition eingenommen werden kann, die weitere 10–20 s gehalten werden soll. Auch das Auflösen der Dehnposition soll langsam und kontrolliert erfolgen. Da in der Fachliteratur viele verschiedene (und teilweise widersprüchliche) Zeitangaben stehen, dienen diese Angaben allerdings nur als grobe Richtlinie.
- **PNF-Methode (Propriozeptive neuromuskuläre Faszilitation):** Die PNF-Methode läuft in fünf Schritten ab:
  1. Eine Muskelgruppe wird bis zum möglichen Endwert gedehnt.
  2. Die Muskelgruppe wird isometrisch (Spannungsänderung ohne Längenänderung) für 6–10 s angespannt.
  3. Bei gleichem Gelenkwinkel wird der Muskel für 2–4 s entspannt.
  4. Anschließend wird noch etwas weiter gedehnt.
  5. Die erreichte Endposition wird nochmals für ca. 10 s gehalten.

  Dieser Vorgang wird dreimal wiederholt. Durch die isometrische Anspannung des gestreckten Muskels entwickelt sich ein starker Spannungsreiz auf die Sehne, wodurch die Golgi-Sehnenorgane die autogene Hemmung des Muskels auflösen. Der erschlaffte Muskel kann dann in die Dehnungsreserve hinein gedehnt werden.

17 Techniktraining

„Sportliche **Technik** ist ein von der Person losgelöstes, operationalisiertes Grundverfahren der Bewegungsspezifik einer Sportart oder Disziplin und hat die Funktion eines idealtypischen Handlungs- oder Trainingszieles." (MARTIN)

Es gibt in der Trainingslehre keine Definition, die Technik im Sport eindeutig beschreibt, bzw. es gibt unterschiedliche Betrachtungsweisen. Das Verständnis von MARTIN trifft aber auf allgemeinen Konsens.
Zur Technik gehören Erfahrungen und Verbesserungen von Experimenten und wissenschaftlichen Erkenntnissen. Sportgeräte und Ausrüstung unterliegen einer ständigen Verbesserung, ebenso werden Regeln angepasst und verändert.
Die sportliche Technik liefert eine Bewegungsbeschreibung im Sinne eines idealtypischen Vorbildes, die aber in einem gewissen Maß Veränderungen an den individuellen Stil erlaubt. Gemeint sind Anpassungen aufgrund persönlicher biomechanischer Merkmale (z. B. Körpergröße, Gliedmaßenlänge). Techniktraining heißt in diesem Sinne, dass sich die objektiven Merkmale einer Technik mit den individuellen Möglichkeiten zu einem Optimum verbinden sollen.

1 Operationalisierung

Um über typische Parameter und Merkmale einer sportlichen Technik verallgemeinernd Auskunft geben zu können, wird diese operationalisiert, d. h., es werden Kriterien festgelegt, mit deren Hilfe die Technik identifiziert und messbar gemacht wird. Die Biomechanik liefert dafür eine Fülle von Messverfahren (z. B. Videoanalysen, Messungen mit Lichtschranken und Kraftmessplatten, statistische Auswertungen). In der Regel werden für die Untersuchung einzelne kinematische (z. B. Zeit, Länge, Lage, Geschwindigkeit) und dynamische Merkmale (z. B. Brems- und Kraftstöße, Drehmomente, Koordination von Teilimpulsen) herausgegriffen und analysiert. Der Nachteil der Operationalisierung von sportlichen Techniken ist, dass ein Bewegungsablauf auf seine beobachtbaren, messbaren Merkmale reduziert wird, viele Bewegungen aber so komplex sind und so schnell ablaufen, dass große Informationsverluste für den Beobachter entstehen.

2 Formen des Techniktrainings

Sportliche Techniken basieren auf stabilen technischen Grundmustern (automatisierte, überdauernde technische Fertigkeiten), die auch bei Bewegungskombinationen bzw. sich verändernden, instabilen Ausgangsbedingungen als Bewegungsgrundmuster erhalten bleiben.
MARTIN versucht den Begriff Techniktraining neu zu gestalten: Er differenziert zwei verschiedene Trainingsformen, die in ihren Inhalten, Zielen und Methoden obiges Prinzip berücksichtigen. Bei der einen Trainingsform werden die Fertigkeiten bis zu ihrer Automatisierung gedrillt, bei der anderen folgt die Schulung der variablen Verfügbarkeit:

- **Technikerwerbstraining** (Ziel: Fertigkeitsbesitz)
- **Technikanwendungstraining** (Ziel: aufgabenbezogene, situationsangemessene Anwendung einer sportartspezifischen Fertigkeit)

Beide Trainingsformen sind als ein ineinandergreifender Prozess zu sehen. Der Schwerpunkt kann je nach Ziel auf dem einen oder dem anderen Bereich liegen:

	Technikerwerbstraining	**Technikanwendungstraining**
Ziele	**1. Phase:** • Schaffen eines äußeren Bewegungsgrundbildes einer Fertigkeit • Erlernen dieses Bewegungsgrundbildes in einem biomechanischen Optimum **2. Phase:** • Einschleifen des inneren Bewegungsbildes • Optimieren der Steuerungsmechanismen → Fertigkeitsbesitz als Endziel	• Erweitern des Fertigkeitsspektrums bei Bedingungsvariationen • Verallgemeinerung bestimmter Steuerungsprozesse, deren Übertragbarkeit auf variable Situationen • allgemeine Verfügbarkeit der Fertigkeiten
Methoden	• allgemeine Methoden des Bewegungslernens, verbunden mit audiovisuellen Hilfsmitteln • Überlernen (Bahnung neuronaler Schaltwege, Automatisierung) • Imitationstraining	• Maßnahmen zur Variation der Bewegungsausführung • Maßnahmen zur Variation der Übungsbedingungen • Übungen unter Wettkampfbedingungen • komplexes Spezialtraining (abwechselnd höhere Anforderungen als im Wettkampf in Bezug auf technisches und/oder konditionelles Niveau)

	Technikerwerbstraining	Technikanwendungstraining
Grundsätze	• unter standardisierten, optimalen Bedingungen störungsfreies Wiederholen der zu trainierenden Fertigkeit im biomechanischen Optimum • Training auch unter trainingsbedingten Ermüdungszuständen	• zielgerichtetes Training der Fertigkeit, Variationen der äußeren Bedingungen und der technischen Aufgabenstellung • schnelle und zweckmäßige Anpassung der Bewegungshandlungen an neue, überraschende Situationen

Tab. 10: Technikerwerbs- und Technikanwendungstraining

MARTIN liefert für seine Unterteilung des Techniktrainings auch einen neurophysiologischen Erklärungsansatz (vgl. Modelle zum Bewegungslernen mit informationstheoretischem Ansatz): So sind Techniken und ihre situative Anwendung Ergebnis von Lernprozessen, die in den Strukturen des Zentralnervensystems relativ überdauernde Veränderungen bewirken. Die Lösung einer Bewegungshandlung erfolgt nach **Wahrnehmung** einer dazu auffordernden Situation und den damit verbundenen Motivationsprozessen.
Bei sehr schnellen Bewegungen ist der Automatisierungsgrad der Teilhandlungen entscheidend (d. h. ohne Einbezug des Bewusstseins), der davon abhängt, mit welcher Intensität, Qualität und in welchem Umfang eine Bewegung trainiert worden ist. Hierbei greift die Funktion des Technikerwerbstrainings, da diese Programme, die unterbewusst ablaufen und im Kleinhirn gespeichert sind, durch systematisches Einschleiftraining regelrecht gedrillt werden, was Voraussetzung für ihre spätere variable Verfügbarkeit ist.
Zur Bewältigung unerwarteter Situationen tragen das Großhirn und das Kleinhirn bei. Dem Großhirn obliegt dabei die Aufgabe, die Situation einzuschätzen und entsprechende (situationsadäquate) Programme aus dem Kleinhirn abzurufen. Dieses optimale Zusammenspiel – das wechselnde Funktionieren von Denkprozessen, Entscheidungsphasen und Programmabrufen – muss im Technikanwendungstraining geübt werden.

3 Trainingsmethoden

Techniktraining im Sport heißt Erlernen neuer Bewegungen oder Verbessern und Vervollkommnen bereits gekonnter Bewegungen (Bewegungsfertigkeiten = motorische Fertigkeiten). Dies geschieht hauptsächlich durch das Üben der entsprechenden Bewegungsabläufe. Dabei stehen sich in der Praxis zwei kontroverse Meinungen gegenüber: Sollen

Sportler ein vielfältiges, variables Bewegungsrepertoire erlernen oder führt auch einseitiges Bewegungstraining zu Spitzenleistungen? Um eine Antwort auf diese Frage geben zu können, muss vor allem auf die Spezifik der Sportarten geachtet werden.

- Sportarten, bei denen eine einzige Technik leistungsbestimmend ist, deren Struktur nicht verändert wird: Hier treten weder positive (Transferenzen) noch negative Übertragungen (Interferenzen) auf. Zu diesen Sportarten zählen die meisten Kraft-, Schnellkraft- und Ausdauersportarten.
- Sportarten, die sich durch eine Vielzahl von Techniken auszeichnen, die jeweils konstante Strukturen aufweisen: Es können positive und negative Übertragungen auftreten (z. B. beim Lagenschwimmen).
- Sportarten mit einer sich ständig verändernden Wettkampfsituation: Hier ist variable Verfügbarkeit der Technik entscheidend (z. B. in Kampfsportarten oder den Sportspielen).

Grundsätzlich lässt sich Technik durch folgende methodische Maßnahmen erlernen bzw. verbessern:

- **Segmentieren:** Herauslösen von Einzelphasen und deren getrennte Schulung, z. B. von Einzelmerkmalen, Details von Bewegungen oder neuralgischen Punkten (Knotenpunkten) mit großer Fehlerquote.
- **Kombinieren:** Verbinden von verschiedenen Einzelphasen einer Technik mit Zusatzlasten. Durch die Hinzunahme von Gewichten wird das Gewichtsgefühl verbessert.
- **Experimentieren:** Durchspielen verschiedener Variationen des Bewegungsverhaltens (z. B. in Spiel- oder Kampfsportarten).
- **Strapazieren:** Anwendung von Stress- oder Extremsituationen, um die psychomotorischen Potenziale besser abzurufen.
- **Theoretisieren:** Bewusstmachen, Beobachten und Vergleichen von Bewegungsabläufen (mentales Training = ideomotorisches Training), wodurch die intellektuelle Ebene angesprochen, d. h. Denkprozesse und andere zentrale Vorgänge einbezogen werden.

18 Taktiktraining

Die Taktik stellt in den Sportarten mit direktem Gegnerkontakt (Sportspiele, Kampfsportarten) einen besonderen leistungslimitierenden Faktor dar, spielt aber letztlich praktisch in allen Sportarten eine Rolle.

Taktik umfasst das „planmäßige, auf die eigene und gegnerische Leistungsfähigkeit und auf die äußeren Umstände abgestellte Verhalten in einem Einzel- oder Mannschaftswettkampf." (ZECH)

Voraussetzung sind somit technische Fertigkeiten sowie konditionelle, kognitive und psychische Fähigkeiten.

1 Formen der Taktik

Taktisches Handeln wird von zwei Faktoren beeinflusst: Zum einen von dem, was von vornherein einplanbar ist, zum anderen von der konkreten Wettkampfsituation.

Je nach Komplexität bzw. Anzahl der handelnden Akteure ergibt sich eine Unterteilung der Taktik in folgende Formen:

Individualtaktik	• zielorientiertes, zweckmäßiges Verhalten eines einzelnen Sportlers • z. B. 1:1-Situation in Sportspielen, Dribblings
Gruppentaktik	• Einbezug mindestens eines weiteren Mitspielers • z. B. Doppelpass, Ablaufen, Blocken
Mannschaftstaktik	• zweckvolle Handlungskoordination des gesamten Teams • z. B. schnelles Umschalten von Abwehr auf Angriff

Tab. 11: Formen der Taktik

Eine andere Möglichkeit ist es, die Taktik je nach Zielsetzung (z. B. Tore/Körbe erzielen vs. den Gegner daran hindern, dies zu tun) in Angriffs- und Abwehrtaktik zu unterteilen.

2 Ziele und Aufgaben der taktischen Grundausbildung

Das Ziel einer taktischen Ausbildung besteht darin, den Athleten dazu zu befähigen,

- eine taktische Aufgabe optimal in kürzester Zeit zu lösen,
- seine Kraft im Wettkampf ökonomisch einzusetzen und taktische Pläne auch unter schwierigen Bedingungen zu verwirklichen,
- Selbstständigkeit im Finden und Erarbeiten von taktischen Lösungswegen zu entwickeln.

Die Hauptaufgaben lassen sich folgendermaßen differenzieren:

- **Erwerb von taktischen Kenntnissen:** Unter taktische Kenntnisse wird die Kenntnis der geltenden Wettkampfbestimmungen, der Regeln, der Wettkampforganisation, der taktischen Regeln bei der Ausführung taktischer Handlungen usw. gefasst.
- **Aneignung taktischer Fertigkeiten:** Taktische Fertigkeiten sind automatisierte Antworthandlungen auf typische Spielsituationen, die durch ihre ständige Wiederholung im Wettkampf sicher und präzise ablaufen.
- **Umsetzung von taktischen Fähigkeiten:** Als taktische Fähigkeit wird die situationsübergreifende Anwendung von Kenntnissen und Fertigkeiten bezeichnet. Der Sportler wird befähigt, seine konditionellen, technischen und taktischen Kenntnisse und Fertigkeiten sowie seine psychischen Eigenschaften entsprechend den Wettkampfanforderungen für die Lösung taktischer Aufgaben umzusetzen.

3 Stufen einer taktischen Handlung

Taktische Handlungen sind komplizierte psychomotorische Abläufe. Sie beruhen auf der Koordination von Wahrnehmung, Denkprozessen und motorischen Handlungen. Für taktische Handlungen gibt es drei Stufen:

1. Wahrnehmung und Analyse der Wettkampfsituation
2. gedankliche Lösung einer entsprechenden taktischen Aufgabe
3. motorische Verwirklichung der geplanten Handlung

Bei der Entwicklung eines Handlungsplans werden meistens mehrere Alternativen gedanklich durchgespielt, aus denen die günstigste ausgewählt wird. Eine entscheidende Rolle spielt das Bewegungsgedächtnis, das positive wie negative Erlebnisse zu einer bestimmten Situation speichert. Somit baut der Sportler mit der Zeit einen gewissen Erfahrungsschatz auf, aus dem er in den unterschiedlichen Wettkampfsituationen schöpfen kann. Beispielsweise kann ein frühes Gegentor, eine Verletzung oder auch Wetterunbilden zu einer psychischen Beeinflussung führen, die die Leistungsfähigkeit mindert, wenn man nicht vorher ein solches Geschehen und eine adäquate Antwort antizipiert hat.

4 Trainingsmethoden

Die Ausbildung der sportlichen Taktik stützt sich auf zwei allgemeine Grundsätze, die Einheit zwischen theoretischer und praktischer Ausbildung sowie die Einhaltung methodischer Regeln.

Zu den methodischen Regeln gehören folgende Punkte:
- Vom Bekannten zum Unbekannten
- Vom Leichten zum Schweren
- Erarbeiten der Technik unter taktischem Aspekt
- Demonstrieren und Erläutern der zu erlernenden taktischen Handlung
- Üben der taktischen Handlung zuerst ohne Gegner, dann zunehmend wettkampfnäher
- Erarbeiten von taktischen Grundformen und ihren Varianten
- Situationsgerechter Einsatz von erworbenen taktischen Fertigkeiten
- Schulung des Beobachtungsvermögens (peripheres Sehen)
- Bewertung und kritische Analyse des eigenen taktischen Verhaltens

Zu den methodischen Maßnahmen im Bereich des Taktiktrainings gehören Beobachtung (observatives Training), verschiedene Messungen (z. B. Videoaufzeichnungen, Animationen, Wärmebildkameras) und Leistungskontrollen (Tests).

19 Psychologisches Training

Training beinhaltet außer der körperlichen Komponente noch eine psychische. In der modernen Trainingslehre nehmen psychologische Methoden einen nicht mehr wegzudenkenden Platz ein und werden häufig als Ergänzung zum Techniktraining angewendet.

1 Mentaltraining

Unter Mentaltraining, das insbesondere bei erfahreneren Sportlern zum Einsatz kommt, wird das Erlernen, Verbessern oder Behalten eines Bewegungsablaufes durch intensive, gedankliche Vorstellung (optisch oder kinästhetisch) verstanden. Dabei kommt es nicht zum eigentlichen Bewegungsvollzug. Erklärungsbasis bildet der sogenannte Carpenter-Effekt, nach dem durch Mikroinnervation der Muskulatur die tatsächliche Bewegung (optisch nicht sichtbar) durchgeführt wird.

Mentales Training vollzieht sich in drei Stufen:
- **Verbalisierung (Stufe 1):** Der Athlet verbalisiert den gesamten Bewegungsablauf (je besser die innere Vorstellung, desto besser die Verbalisierung, dadurch verbesserte Intellektualisierung).
- **Beobachtung (Stufe 2):** Der Athlet beobachtet die Bewegungsabläufe von vorbildhaften Sportlern (Video, live).

- **Vorstellung (Stufe 3):** Der Athlet stellt sich die Bewegungen vor, wobei bestimmte kinästhetische Wahrnehmungen und spezifische Schwierigkeiten der Bewegung berücksichtigt werden sollen.

Vorteile des Mentalen Trainings sind:
- Verkürzte Lernzeiten (Vermutung)
- Erhöhung der Präzision und Ausführungsgeschwindigkeit (Vermutung)
- Erhöhung der Stabilität einer Bewegung
- Möglichkeit hoher Wiederholungszahlen
- Erhalten der Bewegungsvorstellung in verletzungsbedingten Pausen
- Möglichkeit der Simulation von Vorstartzuständen
- Verkürztes Aufwärmen
- Schnelle Korrektur fehlerhafter Bewegungen
- Keine Anleitung nötig

Nachteile des Mentalen Trainings sind:
- Anwendung erst ab einem Alter von ca. 12 Jahren möglich
- Nur für Disziplinen mit hohen technischen Anforderungen geeignet
- Nur zeitlich begrenzt anwendbar (Dauer ca. 2–3 min)
- Keine Rückkopplung, die zur Bewegungskorrektur herangezogen werden kann
- Falsche Bewegungsvorstellungen, die eine fehlerhafte Bewegungsausführung nach sich ziehen können

2 Observatives Training

Basis des observativen Trainings ist das wiederholte Beobachten eines technischen Elementes. Dabei können Erläuterungen des Trainers sinnvoll sein, um die Sequenz zu verinnerlichen. In der Regel folgt eine Phase des ideomotorischen (nur in der Vorstellung ausgeführten) Trainings, bei dem sich der Sportler die Handlung vergegenwärtigt.

3 Autogenes Training

Autogenes Training unterstützt die Wiederherstellung und Steigerung der physischen Leistungsfähigkeit. Es erfolgt durch stufenweise und systematische konzentrative Selbstentspannung. Seinen Ursprung hat dieses Verfahren im Bereich der Hypnose, nutzt aber im Unterschied zu dieser die Eigensuggestion. Im Mittelpunkt stehen Autosuggestionsformeln wie „Ich bin ganz ruhig“, „Mein rechter Arm wird ganz schwer“, wodurch der Organismus in einen Entspannungszustand gelangt, der sich durch einen Rückgang des Muskeltonus messbar äußert. Durch Gefäßerweiterung wird die Durchblutung verstärkt (Herzfrequenz und

Blutdruck sinken ab), was beim Betreffenden ein Gefühl der Erwärmung auslöst. Um wieder in einen Aktivierungszustand zurückzukehren (Spannungsaufbau), wird der umgekehrte Weg beschritten: „Ich werde ganz fest“. Bei diesem Verfahren sind starke Willens- und Vorstellungskräfte nötig, ansonsten bleiben die Formeln unwirksam.

Andere Methoden dieses Bereichs sind: Tiefen-Muskel-Entspannung, Psychologisches Training und Relaxationstraining (z. B. nach Jacobson).

Sport und Gesellschaft

In diesem Kapitel können nicht alle gesellschaftlich relevanten Aspekte angemessen beleuchtet werden, da diese eine zu große Bandbreite aufweisen und zudem stetig einem gewissen Wandel unterworfen sind. Dennoch soll hier ein Einblick in verschiedene Bereiche gegeben werden, wobei der Schwerpunkt auf die **gesellschaftlichen Funktionen** von Sport, auf den Bereich Sport und **Gesundheit** sowie auf das Thema **Doping** gelegt wird.

20 Gesellschaftliche Funktionen

Sport ist ein Teil der Gesellschaft, der diese ebenso prägt, wie er von ihr geprägt wird. Dabei kommen dem Begriff Sport viele Bedeutungen zu: Sport kann bedeuten, sich aktiv in der Freizeit zu bewegen, Geld zu verdienen oder passiv Sportsendungen zu schauen. In der Tat hat sich das **Verständnis von Sport** in den letzten Jahren erheblich verändert:

- Bis in die 1980er-Jahre hinein dominierte das klassische Sportmodell, wo Sport immer mit verschiedenen Leistungszielen und -ansprüchen verbunden war: Auf der Basis des Breitensports verjüngte sich das System nach oben hin pyramidenförmig zum Hochleistungssport.
- Diese Einheitlichkeit des Sports löste sich ab diesem Zeitpunkt auf. Es differenzierten sich verschiedene Modelle von Sport aus: Neben dem Hochleistungssport bildeten sich etwa der telegene und einschaltquotenbringende Glamoursport heraus, der gesundheitsorientierte Sport, der Behindertensport, der Showsport, der Luxussport, der Abenteuer- und Extremsport, der Sport aus sozialen Motiven oder als Teil der Selbstdarstellung. Diese Entwicklung folgte einem Wertewandel in der Gesellschaft: Klassische Werte, wie Religion und Familie, lösten sich auf und neue, wie Spaß und Individualisierung, wurden geprägt. Parallel dazu verlief eine Abkehr vom traditionellen Vereinssport (Ehrenamt) hin zu kommerziellen Anbietern.
- In den 1990er-Jahren wichen die bis dahin vorherrschenden Motive Kompensation (als Ausgleich zur Arbeit) und Stressabbau der Suche nach Spaß im Sport (Erlebnissport). Es entstehen ständig neue Trendsportarten, was von der Industrie massiv unterstützt wird und Ausdruck gelebter Individualität ist. Diese Neuorientierung des Sports

trug dazu bei, dass bisher völlig Sportabstinente rekrutiert werden konnten (z. B. durch die Walking-Bewegung).

1 Organisation des Sports

Während sich der **Freizeitsportler** heutzutage nicht an feste Strukturen wie Vereine bindet, unterscheidet sich hierin der **leistungsorientierte Sportler**, für den Regeln und Wettkämpfe elementare Bestandteile seines Treibens sind. Es gelten dabei aber stets relative Werte und Leistungsmerkmale wie Alter, Geschlecht sowie soziale, familiäre und berufliche Restriktionen. Genau darin hebt er sich vom **Hochleistungssportler** ab, der seine Leistungsziele von außen diktiert bekommt. Somit ist nicht nur Leistung, sondern vor allem Erfolg das Maß aller Dinge im Hochleistungssport, der überwiegend professionell betrieben wird.

Noch immer bilden die Vereine das Gerüst des organisierten Sports. Neben diesen gemeinnützigen Organisationen entstehen ständig neue Anbieter (z. B. Sportreiseanbieter, Krankenkassen, Volkshochschulen, Tennis-/Golfschulen, Kletterhallen), hauptsächlich solche mit kommerziellen Zielen. Hinter diesem Trend steckt der Wunsch nach Individualität und selbstbestimmtem Sporttreiben. Vor allem was die Organisation von Sportveranstaltungen betrifft, treten Vereine und Verbände zunehmend in den Hintergrund. Diese durch die Kommerzialisierung verursachte Entwicklung trifft insbesondere die professionellen Vereine, aber auch den Breitensport.

- **Sportvereine** können durch ihre Gemeinnützigkeit, der damit verbundenen Steuervergünstigungen sowie durch die ehrenamtliche Tätigkeit der Mitglieder Leistungen zu einem geringen Preis anbieten. Doch das Vereinsleben ist von zwei Tendenzen gekennzeichnet, zum einen vom starken Rückgang des ehrenamtlichen Engagements, zum anderen von einer Tendenz zur Professionalisierung auch auf breitensportlichem Niveau, die eine Nachfrage nach guten und bezahlten Trainern entstehen ließ.
- In der Vergangenheit zählten zu den **kommerziellen Sportanbietern** in erster Linie Fitness-Studios, die das Bedürfnis nach unorganisiertem Sporttreiben befriedigten. Auch dabei hat sich das Angebot inzwischen differenziert: Neben reinem Krafttraining gibt es Tanzkurse, Yoga, Spezialgymnastik bis hin zu allen möglichen Varianten des Kampfsports und der Selbstverteidigung.
  Kommerzielle Sportanbieter rekrutieren ihre Mitglieder vor allem aus Anfängern oder Frauen, zwei Gruppen, die in den traditionellen Vereinen unterrepräsentiert sind. Folgerichtig stehen auch die Motive Leistungsoptimierung und Wettkampfcharakter nicht mehr im

Vordergrund, sondern Gesundheit, Entspannung, Spaß, Körpertraining und Ästhetik. Dass aber rund 30 % der Mitglieder in Fitness-Studios aus Vereinen stammen, stellt diese vor ein Dilemma.

2 Sport und Politik

Sport und Politik sind heutzutage eng verschränkt. Man kann darüber spekulieren, ob es jemals eine strikte Trennung gab, da man schon im alten Rom das Volk mit einer Mischung aus Brot und Spielen zusammenhielt. Später, zu Beginn des 19. Jahrhunderts, förderte „Turnvater Jahn“ das Turnen zu dem Zweck, das Volk körperlich und ideologisch auf die Befreiung von Napoleon und die nationale Einigung vorzubereiten.

- Eine Form der Instrumentalisierung des Sports durch die Politik ist der **Boykott** z. B. von Olympischen Spielen. So traten insgesamt 42 Staaten (darunter die USA und Deutschland) 1980 in Moskau nicht an, weil die Sowjetunion in Afghanistan einmarschiert war. Als Reaktion darauf blieben dann vier Jahre später, 1984, die Sowjetunion und die meisten der ihr nahestehenden Staaten den Olympischen Sommerspielen in Los Angeles fern. Boykotts von großen Sportveranstaltungen – auch im Vorfeld der Olympischen Winterspiele 2014 in Sotschi wurde über eine solche Maßnahme diskutiert – sind umstritten. Gegner kritisieren, dass darunter fast ausschließlich die Sportler zu leiden hätten, die selbst für die politischen Umstände meist sehr wenig können, denen aber durch einen Boykott eine einmalige Gelegenheit in ihrem (Sportler-)Leben genommen wird.
- Auch aus repräsentativen Motiven wird der Sport von der Politik missbraucht. So ist der Fall der DDR bekannt, wo bereits Kinder mit Hormonen gedopt wurden, um mit sportlichen Weltklasseleistungen **völkerrechtliche Anerkennung** für den Staat zu erhalten. Aber auch Bewerbungen um das Ausrichten von sportlichen Großveranstaltungen erfolgen häufig vor dem Hintergrund, international ins Rampenlicht zu rücken und sich darstellen zu können (z. B. Katar bei den Fußball-Weltmeisterschaften 2022).
- Eine weitere Form der Instrumentalisierung des Sports besteht in der Absicht, ihn zur **innenpolitischen Stabilisierung** heranzuziehen, indem Ablenkung, Identifikation und Integration ineinandergreifen (z. B. Brot und Spiele im alten Rom). Je nach Ausprägung besteht dabei jedoch die Gefahr, dass nationalistische Tendenzen aufkeimen bzw. gestützt werden und somit negative Auswirkungen auf internationale Beziehungen entstehen.

3 Sport, Wirtschaft und Medien

Bis in die 1970er-Jahre wurde Sport in erster Linie aktiv betrieben, ehrenamtlich und in Vereinen, während dem passiven Konsum nur eine geringe Bedeutung zukam. Dies änderte sich anlässlich der Olympischen Sommerspiele 1972 in München und der ebenfalls in der BRD ausgetragenen Fußballweltmeisterschaft 1974 (mit der deutschen Mannschaft als Titelgewinner), als in Deutschland das Interesse einer breiteren Masse am Verfolgen von Sportveranstaltungen als Zuschauer geweckt wurde. Austragungsort und Erfolge sind bis heute zwei Faktoren, die entscheidend für eine hohe Zuschauerakzeptanz sind, was sich z. B. darin zeigt, dass Tennis in Deutschland nach der Ära Becker/Graf praktisch von der Bildfläche verschwunden ist, während die Erfolge der deutschen Fußballnationalmannschaft bei WM- und EM-Turnieren sowie die internationalen Erfolge des FC Bayern München die Vormachtstellung des Fußballs im deutschen Sportsektor beflügeln.

Die steigende Zahl an Zuschauern infolge der beiden Großveranstaltungen zu Beginn der 1970er-Jahre gab der Wirtschaft und den Medien die Initialzündung, sich verstärkt einzubringen. Durch die positive Wahrnehmung des Sports in der Bevölkerung wurde dieser zu einer attraktiven Werbefläche, zumal durch das breite Publikum eine große Zahl an potenziellen Kunden angesprochen werden kann. Das **Sportsponsoring** entfaltete sich.

- Heute werden insbesondere die mit dem Sport verbundenen **Werte** Gesundheit, Ästhetik, Fairness, Dynamik und die Mischung aus Traditionalität und Modernität genutzt, um Werbung für ein Unternehmen oder ein Produkt zu machen.
- In den Sport bringen sich aber nicht nur **Unternehmen** ein, die dem Sport in irgendeiner Weise nahe stehen (z. B. Sportausrüster), sondern auch solche, die aus völlig anderen Branchen stammen (z. B. die Würth-Gruppe).
- Die **wirtschaftliche Förderung** kann sich dabei auf Einzelpersonen (z. B. Profis populärer Sportarten mit persönlichen Werbeverträgen), auf Mannschaften oder ganze Vereine (erkennbar z. B. an den Firmenlogos auf der Sportkleidung und der Bande), auf Verbände (z. B. DSV, DFB) oder auf Wettbewerbe und Veranstaltungen (z. B. Bundesligen, Olympische Spiele) beziehen. Zunehmend beliebter wird auch der Kauf von Namensrechten für Gebäude oder Stadien (z. B. Lanxess Arena in Köln).

  Die Sportler, Trainer und Funktionäre profitieren von der Wirtschaft durch Zuwendungen z. B. in Form von Geld, Ausrüstung und Fortbil-

dungsmöglichkeiten, verpflichten sich aber im Gegenzug, den Partner aktiv zu unterstützen, z. B. indem sie in Werbespots auftreten oder bei Werbeveranstaltungen als Interviewpartner zur Verfügung stehen. Gerade die Verpflichtung, sich bei Großveranstaltungen, aber auch sonst während der Saison, für den Sponsor der Öffentlichkeit zu zeigen, kann zu einer Belastung werden, vor allem wenn kurz darauf weitere wichtige Wettkämpfe anstehen.
Die große finanzielle Abhängigkeit setzt die Sportler zusätzlich unter Druck. Denn ausbleibende Erfolge bergen die Gefahr, dass der Sponsor abspringt. Das führt z. B. dazu, dass ohne Rücksicht auf Langzeitfolgen Verletzungen ignoriert oder nicht ausreichend auskuriert werden und dass die Versuchung, zu unerlaubten Mitteln zu greifen (z. B. Doping oder Spielmanipulationen), größer wird.
Die Aussicht, durch Sport nicht nur den Lebensunterhalt bestreiten zu können, sondern es damit sogar zu Reichtum zu bringen, ist auch ein Faktor, der die Attraktivität mancher Sportart bei Kindern und Jugendlichen fördert. So steigt die Zahl der potenziellen Talente, aus denen die leistungsorientierten Vereine auswählen können. Auf der anderen Seite besteht die Gefahr, dass sich junge Sportler zu sehr auf eine Profikarriere fokussieren und – das hohe Risiko des Scheiterns ausblendend – Schul- und Berufsausbildung vernachlässigen.

Sportübertragungen verlaufen über verschiedene Kanäle:

- Sport findet in den Medien in erster Linie im **Fernsehen** statt. Das **Radio** hat unter der Dominanz des Fernsehens am meisten gelitten und ist praktisch völlig verdrängt. Eine zunehmend größere Rolle spielt allerdings das **Internet**, in dem sich neben Podcasts, Tweets oder Blogs von freien Journalisten oder Privatpersonen auch eine immer größer werdende Auswahl an Angeboten der großen Medienanbieter finden. Dazu zählen etwa Bildübertragungen (z.B. Live-Streams und Re-Live) und Kurznachrichten (z.B. Liveticker). In den letzten Jahren hat sich das Social TV (bzw. auch Social Radio) etabliert, wo der Zuschauer über verschiedene Wege, z. B. Chat, Twitter, Facebook oder Google+ in Kontakt mit anderen Usern oder der Redaktion treten kann. Das Internet bietet die Möglichkeit, auch von unterwegs und mit kleinen Geräten wie dem Smartphone oder dem Tablet Sportveranstaltungen zu verfolgen.
- Spanische Fußball-Topvereine haben einen **eigenen Fernsehkanal** (Real Madrid und FC Barcelona), in Deutschland ist FC Bayern-TV nur im Internet vertreten.
- In den 1980er-Jahren kam zu der gebührenfinanzierten Sportberichterstattung die privatwirtschaftliche hinzu, sodass das Ringen um die

Zuschauerquoten begann. Denn das durch Werbeunterbrechungen finanzierte Privatfernsehen kann nur dann hohe Preise für ihre Spots verlangen, wenn viele Menschen zuschauen. Doch auch bei den öffentlich-rechtlichen Sportübertragungen wird trotz des Verbots, nach 20 Uhr Werbespots zu senden, über Gewinnspiele und andere Maßnahmen Geld verdient. Zusätzlich werden die Übertragungen zuschauerwirksam in Szene gesetzt, indem z. B. seriöse, fachkundige Moderatoren durch branchenfremde, aber quotentaugliche Entertainer ersetzt werden.

- Verstärkt wird der Kampf innerhalb des Mediensektors dadurch, dass die Kosten für **Übertragungsrechte** für internationale Topligen, Fußballweltmeisterschaften oder Olympische Spiele astronomische Höhen erreicht haben. Mehr denn je sind diejenigen, welche die Übertragungsrechte erwerben, genötigt, Geld einzuspielen.
- In den Premiumsportarten, allen voran dem Fußball, hat sich eine Abwendung von klassischen **Vereinsstrukturen** vollzogen: Medienpräsenz verspricht Sponsorengelder, mit denen Spitzensportler verpflichtet und bezahlt werden können, was wiederum zur Aufmerksamkeit der Medien führt. Dies führt dazu, dass der Kampf auf dem Transfermarkt zu- und die Bindung der Spieler an ihre Vereine abnimmt. Dies bekommen vor allem die kleineren Vereine zu spüren, deren beste Spieler abwandern, sodass sie permanent auf neue Talente hoffen müssen.
  Solides Wirtschaften findet dabei fast ausschließlich in der Bundesliga statt. Europas Spitzenvereine haben entweder Schulden in Milliardenhöhe (Real Madrid, FC Barcelona) oder gehören Mäzenen, die ebensolche Summen in den Verein stecken (Manchester City, FC Chelsea, Paris SG). In Deutschland hat es bisher kein derart geförderter Verein dauerhaft in die nationale Spitze geschafft (VFL Wolfsburg, TSG Hoffenheim, Bayer Leverkusen, FC Ingolstadt oder RB Leipzig). Den finanziellen Fehlentwicklungen versucht die UEFA durch die Financial-Fair-Play-Regel entgegenzutreten, die die Vereine aus dem internationalen Spielbetrieb ausschließt, die nicht solide wirtschaften.
- Sogenannte **Randsportarten**, die nur einen begrenzten Kreis an Zuschauern interessieren, werden verdrängt und bekommen höchstens noch bei Großveranstaltungen wie Olympischen Spielen die Möglichkeit, sich medial zu präsentieren. Diese Sportarten, die auf diese Weise kaum Unterstützung durch Sponsoren erfahren, sind somit finanziell komplett abhängig von den Dachorganisationen, in denen sie vertreten sind, und können ihren Sportlern kaum ein Profi-Dasein ermöglichen. Die positive Seite liegt darin, dass die Motivation der

Sportler nicht durch den finanziellen Aspekt genährt wird und dass sie häufig über eine Ausbildung verfügen, die es ihnen ermöglicht, sich bei Karriereende selbstständig den Lebensunterhalt zu verdienen.

Um die Zahl der Zuschauer, vor allem auch vor dem Fernseher, zu erhöhen, erfolgen z. T. direkte **Eingriffe** in einzelne Sportarten.

- Veränderungen im **Regelwerk** erfuhr z. B. das Basketball, wo nunmehr statt zweier Halbzeiten vier Viertel gespielt werden.
- Der **Austragungszeitpunkt** von Sportveranstaltungen wird so angepasst, dass möglichst viele Zuschauer diese verfolgen können. So mussten z. B. die Fußballer bei der WM 1994 in den USA (vgl. auch WM 2014 in Brasilien) in der sengenden Mittagshitze spielen, damit die Spiele live zur Prime-Time in Europa ausgestrahlt werden konnten. Auch die Spiele der Bundesliga sind nun so über die Tage von Freitag bis Sonntag verteilt, dass es möglich ist, 5 von 9 Spielen live im Pay-TV zu verfolgen. Andere Veranstaltungen, z. B. Skisprung- oder Biathlonwettkämpfe, finden z. T. abends bei Flutlicht statt. Die Austragungszeiten belasten den Körper der Sportler zusätzlich, da er nun auch noch gegen ungünstige klimatische Verhältnisse und den eigenen Biorhythmus ankämpfen muss.
- Bei beliebten Sportarten wie Fußball wird versucht, den **Terminkalender** aufzustocken. So spielen einige deutsche Vereinsmannschaften der 1. Bundesliga nicht nur an 17 Tagen um die deutsche Meisterschaft, sondern bestreiten auf nationaler Ebene Spiele im DFB-Pokal und dem DFL-Supercup und auf internationaler Ebene in der UEFA Champions League, dem UEFA Super Cup und der FIFA-Klub-Weltmeisterschaft. In den wenigen Spielpausen sind weitere Turniere und Länderspiele angesetzt, wobei z. B. bei den Europameisterschaften die Zahl der Teilnehmer von 16 auf 24 Teams und somit auch die Zahl der Spiele erhöht wurde.
  Die hohe Belastung von z. T. bis zu 60 Spielen pro Saison kann praktisch niemand mehr leisten, was auch den gestiegenen Anforderungen an die Athletik und die Taktik geschuldet ist. Folge der großen Zahl an Einsätzen ist eine stark erhöhte Anfälligkeit der Spieler für Verletzungen und Verschleiß. Einige (wenige) Vereine versuchen daher verstärkt, ihre Spieler durch bewusste Rotationen im Kader zu schonen, was aber bisweilen weder in der Mannschaft selbst auf Gegenliebe stößt (niemand möchte gerne als Ersatzspieler auf der Bank sitzen oder gar komplett im Aufgebot fehlen) noch bei den Gegnern, die Wettbewerbsverzerrung beklagen, wenn eine Mannschaft bei „unwichtigen“ Spielen nur mit einem sogenannten B-Kader aufläuft.

21 Gesundheit

Der Begriff Gesundheit kann in einem engeren und einem erweiterten Sinn betrachtet werden. Im engeren Sinne meint Gesundheit das Nichtvorhandensein von physischen Krankheiten, während im weiteren Sinne auch die Psyche und soziale Faktoren berücksichtigt werden.

Während sich die **Pathogenese**, welche sich der Beschreibung widmet, wie eine Krankheit entsteht und sich entwickelt (Frage: „Warum wird der Mensch krank?"), dem engeren Gesundheitsbegriff verpflichtet fühlt, definiert die Weltgesundheitsorganisation **WHO** Gesundheit im erweiterten Sinne.

> „**Gesundheit** ist ein Zustand vollständigen körperlichen, geistigen und sozialen Wohlergehens und nicht nur das Fehlen von Krankheit oder Gebrechen." (WHO, 1946)

1 Risikofaktoren-Modell

Das sogenannte Risikofaktoren-Modell aus den 1950er-Jahren basiert auf dem Gesundheitsbegriff im engeren Sinne und interpretiert Gesundheit als knappes und von Risiken bedrohtes Gut. Verschiedene Faktoren werden analysiert und zu einem statistischen Wert formuliert, wodurch die Wahrscheinlichkeit zu erkranken ermittelt werden soll. Dabei wird zwischen physischen Risikofaktoren (Bewegungsmangel, Übergewicht, Rauchen, Bluthochdruck), sozialen (Isolation) und geistigen (Stress, Aggression, Angst) unterschieden.
Nach dem Risikofaktoren-Modell stellen somit Gesundheit und Krankheit zwei einander gegenüberliegende Pole dar.

2 Salutogenese-Modell

Im Unterschied zur Pathogenese stellt sich die **Salutogenese** die Frage „Was hält den Menschen gesund?".

Das Salutogenese-Modell von ANTONOVSKY (1979) stellt der statischen Auffassung des Risikofaktoren-Modells, das Krankheit als Zustand sieht, eine dynamische, prozesshafte gegenüber. Krankheit und Gesundheit stehen sich nicht mehr diametral gegenüber, sondern der Mensch bewegt sich permanent zwischen diesen Polen. ANTONOVSKYs Modell ist eine Kritik an der Medizin, die sich ausschließlich auf Krankheiten und deren Heilung konzentriert.

Im Vordergrund seiner Überlegungen stehen für ANTONOVSKY zwei Fragen, wobei die zweite für ihn interessanter ist:

- Warum bekommt ein Individuum eine ganz bestimmte Krankheit? (Diese Frage nach der Entstehung von Krankheiten dominiert die klassische Medizin.)
- Warum bewahrt ein Individuum trotz einer Vielzahl pathogener (krankmachender) Faktoren seine Gesundheit?

Die Frage, warum nun jemand trotz einiger Risikofaktoren gesund bleibt, führt zu einer veränderten Auffassung von Krankheit und Gesundheit.

- Die potenziell krank machenden Faktoren werden von ANTONOVSKY als **Stressoren** bezeichnet. ANTONOVSKY differenziert zwischen externalem und internalem Stress, wobei das Maß entscheidend ist, ob er als angenehm oder unangenehm empfunden wird: Ein Horrorfilm im Kino wird beim geneigten Zuschauer ein angenehmes Stresserlebnis darstellen ebenso wie eine Achterbahnfahrt bei einem anderen. Individuelle Neigungen entscheiden also darüber, ob Stress gesundheitsschädlich ist oder nicht.
- **Generalisierte Widerstandsressourcen** helfen dabei, mit negativen Stressoren fertigzuwerden. Diese Ressourcen beruhen auf körperlichen (z. B. Immunstatus) und psychischen Voraussetzungen, können aber auch auf soziokulturellen Aspekten wie Familienleben, Freundeskreis und Arbeitsumfeld basieren.

Nach ANTONOVSKY kann man also seinen Gesundheitszustand positiv beeinflussen, wenn man auf diese Komponenten achtet. Das individuelle Vermögen, Stress zu bewältigen, bezeichnet er als **Kohärenzsinn**, der sich aus folgenden drei Faktoren zusammensetzt:

- Gefühl der Verstehbarkeit *(sense of comprehensibility)* – Das Gefühl, die konkrete Situation kognitiv erfassen zu können.
- Gefühl der Handhabbarkeit *(sense of manageability)* – Das Gefühl, die konkrete Situation bewältigen zu können.
- Gefühl der Bedeutsamkeit *(sense of meaningfulness)* – Das Gefühl, dass es lohnend ist, die konkrete Situation zu bewältigen.

Je geringer der Kohärenzsinn ist, desto krankheitsanfälliger ist ein Individuum.

ANTONOVSKY begründet z. B. die verkürzte Lebenserwartung unterer sozialer Schichten unter anderem mit den damit verbundenen Arbeitsprozessen: Eine ideale Arbeitssituation sei so komplex, dass der Mensch Alternativen bei seinen Entscheidungen habe. Allerdings wäre ein Übermaß an Wahlmöglichkeiten ebenso schädlich, da Probleme grundsätzlich lösbar sein müssten.

Das Salutogenese-Modell sieht also im Gegensatz zum Risikofaktoren-Modell eine Handlungsmöglichkeit des Individuums, um die Basis für eine gute Gesundheit zu schaffen. Ein wesentlicher Aspekt eines gesundheitsorientierten Lebensstils ist das Sporttreiben.

22 Doping

Eine einfache Definition, was Doping ist, gibt es nicht. Die WADA (Welt-Anti-Doping-Agentur) subsummiert darunter das Vorliegen einer oder mehrerer der acht Verstöße, die sie im Artikel 2 ihres **WADA-Codes** auflistet.

- Artikel 2.1: Als Doping gilt jegliches Vorhandensein einer verbotenen Substanz, deren Metaboliten oder eines Markers in den Körperbestandteilen eines Athleten, wobei der Sportler selbst für die Substanzen verantwortlich ist, die sich in seinem Körper befinden.
- Artikel 2.2: Für die Bewertung des Befundes als Verstoß ist es völlig nebensächlich, ob die gefundenen verbotenen Substanzen wirkungsvoll sind oder nicht.
- Artikel 2.3: Der Sportler darf die Probenentnahme nicht verweigern.
- Artikel 2.4: Auch Unachtsamkeiten bei der Dokumentation des Aufenthaltsortes (sogenannte „Whereabouts") sind Verstöße gegen die Anti-Doping-Bestimmungen.
- Artikel 2.5: Unzulässige Einflussnahme auf die Dopingkontrollen sind nicht gestattet.
- Artikel 2.6/2.7: Verboten sind sowohl der Besitz als auch die Weitergabe verbotener Wirkstoffe sowie der Einsatz verbotener Methoden.
- Artikel 2.8: Als persönlicher Dopingverstoß gilt auch, wenn man andere bei der Verabreichung verbotener Substanzen unterstützt.

Wie wenig konsequent diese Regeln be- und verfolgt werden, zeigen zwei Clenbuterol-Fälle:

- Der Tischtennisspieler Dimitrij Ovtcharov konnte die nationale (NADA) und internationale Antidopingagentur (WADA) davon überzeugen, dass die leistungssteigernde Substanz durch den Konsum kontaminierten Fleischs in seinen Körper gelangte. Ovtcharov befand sich zu dieser Zeit in China, wo diese Substanz in der Kälbermast noch nicht verboten ist. Somit kann Clenbuterol in China nur unter Umständen als Verstoß gegen die Dopingregeln gewertet werden.
- Der dreimalige Tour-de-France-Sieger Alberto Contador behauptete, dass das bei ihm 2010 nachgewiesene Clenbuterol von einem Stück

Fleisch kam, das er während der Tour de France aus Spanien importieren ließ und aß. Diese Substanz ist allerdings seit Jahren in der gesamten EU verboten und der einmalige Konsum würde auch nicht drei positive Proben während der Tour 2010 erklären. Contador beauftragte vier Anwaltskanzleien, die auf ca. 3 500 Seiten erklären sollten, warum er unschuldig sei. Allein die Durchsicht dieser Akten machte den Internationalen Sportgerichtshof (CAS) praktisch über Monate hinweg handlungsunfähig. Wie mächtig der Stab um Contador wirklich war, kann man nur erahnen, wenn man bedenkt, dass er zu dem Zeitpunkt der einzige Radsportler war, der völlig unbehelligt von dem Fuentes-Skandal (2006) blieb. Alle anderen Radsportler hatten mindestens ihre zweijährige Sperre verbüßt (Ivan Basso) oder aber ihre Karriere beendet (Jan Ullrich). Doch auch Contador wurde schließlich 2012 rückwirkend für zwei Jahre gesperrt, nachdem in seinem Blut auch noch Weichmacher entdeckt wurden und er nach Auffassung der WADA nicht einwandfrei nachweisen konnte, dass die Substanzen ohne sein Wissen in seinen Körper gelangt waren.

Der Radsport zeigt, welche abstrusen Folgen nachträgliche Dopingverfahren haben können. So werden die Siegerlisten immer wieder neu geschrieben und Medaillen zurückgegeben, aber selbst diejenigen, die dann in den Siegerlisten bleiben, sind nicht über jeden Zweifel erhaben. Gleichzeitig wird deutlich, wie unfair Doping auch für die Mitstreiter sein kann, wenn diese um die eigentlich verdiente Siegerehrung und die mit einem vorderen Platz verbundenen Emotionen unmittelbar nach Abschluss eines Wettkampfes gebracht werden. Da hilft auch eine nachträgliche Zuerkennung wenig.

Während der Radsport in den letzten Jahren regelmäßig im Zentrum der Dopingfahnder stand, bleiben andere Sportarten fast unbehelligt, wie z. B. der Spitzenfußball. Selbst wenn immer wieder Gerüchte über Doping in diesen Sportarten auftreten – es ist auch nicht davon auszugehen, dass es bei der großen Anzahl an Profisportlern niemanden gibt, der gegen die Dopingauflagen verstößt –, scheint in manchen Organisationen der Wille zur Verfolgung und zur Aufklärung zu fehlen.

1 Erfolgsdruck

Für den Einsatz von Doping gibt es mehrere Ursachen, wobei bei **Profisportlern** der Erfolgsdruck an erster Stelle steht. Denn um Einnahmen aus dem Sport zu generieren, hat der Sportler kontinuierlich Erfolge vorzuweisen. Da die Leistungen ständig gesteigert werden müssen, steckt er je nach Sportart mehr oder weniger schnell in einem Dilemma. Erfolg wird stetig schwieriger und unwahrscheinlicher, weil auch die Konkurrenten unter dem gleichen Erfolgsdruck stehen. Da durch den hohen zeitlichen Aufwand, den das Training in der Regel einnimmt, ein anderes berufliches Standbein vernachlässigt werden muss, nimmt der Druck, im Sport erfolgreich sein zu müssen, noch weiter zu.

Im Spitzensport haben aber nicht nur die Athleten selbst, sondern auch andere ein hochgradiges Interesse an deren Erfolgen.

- An erster Stelle stehen die **Trainer**, deren berufliche Anerkennung sich fast ausschließlich an den von ihnen betreuten Sportlern misst.
- Aber auch die Karrieremöglichkeiten der **Sportärzte** sind stark abhängig vom Erfolg der von ihnen betreuten Athleten. Vor allem nach Verletzungen wird der Zeitraum, nach dem der Athlet wieder einsatzfähig ist und Spitzenleistungen erbringen kann, in Zusammenhang mit der Qualität der Ärzte gesetzt. Aus diesem Grund wird sich häufig für eine schnelle Rehabilitation, auch auf Kosten der (langfristigen) Gesundheit, entschieden.
- **Vereine** und **Verbände** (mitsamt ihren Funktionäre) profitieren ideell und finanziell auf lokaler, regionaler und nationaler Ebene. Sie stecken in einem ähnlichen Dilemma wie der Sportler selbst: Einerseits sind sie für die Dopingfahndung verantwortlich, andererseits stecken sie hohe Ziele, wenn es um die Teilnahme an Großveranstaltungen geht, und fordern Medaillen und herausragende Plätze in der Nationenwertung ein.
- Den Sinn ihrer Investition sehen **Sponsoren** und **Mäzene** in erster Linie in der Wirkung, die vom Sport auf ihre Produkte übergeht und die umso höher ist, je größer die positive Medienpräsenz. Und diese ist wiederum vom Erfolg abhängig.
- Aber nicht zuletzt haben auch die **Zuschauer** ein starkes Interesse an Erfolgen, da sie positive Emotionen erleben möchten.
- Die **Medien** intensivieren den Wunsch des Zuschauers nach Erfolg, indem sie Sportereignisse inszenieren (Vorberichterstattung, Halbzeitanalyse, Nachbesprechungssendungen) und Erwartungen anheizen.

Die Interessen der genannten Gruppen harmonieren und keiner hat – aus unterschiedlichen Gründen – ein Interesse an positiven Dopingproben. Dies und die Tatsache, dass die Leistungsmanipulation durch Doping aus medizinischen Gründen als äußerst schwierig eingestuft werden muss, zeigen, dass der Sportler nicht auf sich allein gestellt sein kann.

2 Verbreitung von Doping

Doping ist keinesfalls ein Phänomen, das sich nur im **Spitzensport** findet. Zahlreiche Studien belegen, dass die Durchseuchung im **Breitensport** durchaus beachtlich ist. Die äußerst spärlichen Kontrollen führen zu einem prozentualen Anteil positiver Befunde, der deutlich höher liegt als im professionellen Bereich. In diesem Zusammenhang spricht man allerdings nicht von Doping, sondern vielmehr von Medikamentenmissbrauch.

Eine ganz neue Qualität des Medikamentenmissbrauchs stellt das sogenannte **Neuroenhancement** dar. Was ursprünglich aus der Kinderpsychiatrie stammt und Kinder dazu bringen soll, über Stunden ruhig am Schultisch zu sitzen, macht nunmehr als Campusdroge Karriere und ist längst nicht nur bei Schachspielern angekommen. Taktische Konzepte bis zum Schlusspfiff umsetzen zu können und Handlungsschnelligkeit sind in Ballsportarten gern gesehene Fähigkeiten, die sich mit Hirndoping verbessern lassen.

Ob **Schmerzmittel** auf der Dopingliste der verbotenen Substanzen stehen sollen, wird immer wieder heftig diskutiert. Die Rolle von Schmerzmitteln in Mannschaftsportarten hat eine von der FIFA finanzierte Studie ermittelt. Schockierend in dieser Studie ist nicht nur, dass über ein Drittel der Spieler bei der Fußball WM 2010 in jedem Spiel Schmerzmittel nahm, sondern dass die Unterschiede zwischen Profis und Hobbyfußballern nicht besonders groß sind.

3 Dopingmittel

Die Welt-Anti-Doping-Agentur (WADA) listet verbotene Substanzen (S) und Maßnahmen (M) auf. Das führt dazu, dass stets neue Mittel und Methoden gesucht werden. Andererseits grenzen diese Listen das eben noch Erlaubte genau ab.

Dopingklasse S1 – Anabole Substanzen:

- Anabole Wirkstoffe (Anabolika) werden im Training eingesetzt, um die sportliche Leistungsfähigkeit zu verbessern, indem der Aufbaustoffwechsel (Anabolismus) positiv beeinflusst wird. In erster Linie geschieht dies durch eine gesteigerte Eiweißsynthese, die zum Muskelaufbau führt.
- Akne und Gewichtszunahme sind nur die unmittelbaren Folgen von Anabolikamissbrauch. Schädigungen am Herz-Kreislauf-System und den Herzkranzgefäßen zählen genauso wie Leberschäden zu den Langzeitschäden. Virilisierungen (Vermännlichungen) bei Frauen sind

ebenso irreversibel wie Gynäkomastie (Brustvergrößerung) bei Männern. Die Gefahren durch gestreckte oder verunreinigte Schwarzmarktpräparate, nicht sterile Spritzen (Hepatitis, AIDS) oder Mehrfachmedikationen sind unüberschaubar.
- Anabolika können im Urin mit der Gaschromatografie recht problemlos nachgewiesen werden.

Dopingklasse S2 – Peptidhormone:

- Peptidhormone unterscheiden sich im Aufbau von den Anabolika, da sie aus Aminosäuren bestehen. Bekannteste Vertreter dieser Gruppe sind das Erythropoietin (EPO) und das Wachstumshormon (HGH). Das Dopen mit EPO führt zu einem erhöhten Anteil der roten Blutkörperchen und somit zu einer Verbesserung der Sauerstoffversorgung.
  Wachstumshormone werden wegen ihrer anabolen Wirkung genommen, außerdem stimulieren sie den Fettstoffwechsel.
- Durch EPO nimmt die Viskosität (Zähflüssigkeit) des Bluts zu, mit der Gefahr von Gefäßverschlüssen (Thrombosen), die unmittelbar zum Tod führen können. Daher wird das Verhältnis von Blutzellen zum flüssigen Teil des Bluts (Serum) stets kontrolliert, wobei dieser sogenannte Hämatokrit recht einfach mittels einer Blutzentrifuge ermittelt werden kann.
  Das Risiko bei Wachstumshormonen sind eine verminderte Glucosetoleranz und erhöhte Blutzuckerwerte, weshalb die gleichen Schäden wie bei Diabetes auftreten. Außerdem können Kieferknochen, Hände und Füße auch beim Erwachsenen wachsen. Ein Muskelwachstum des Herzens führt zu Durchblutungsstörungen und damit zu massiven und irreversiblen Funktionsstörungen.
- Peptidhormone kommen grundsätzlich auch im menschlichen Organismus vor, was ihren Nachweis erheblich erschwert. Während EPO im Urin nachgewiesen werden kann (wenn auch nicht in all seinen ca. 200 Derivaten), braucht es für den Nachweis von HGH eine Blutprobe und ein finanziell aufwendiges Verfahren. Beide Stoffe führen daher selten zu einem positiven Befund. Dazu kommt, dass EPO, wenn es niedrig dosiert über die Nachtstunden eingenommen wird (wo keine unangemeldeten Dopingproben stattfinden dürfen), nicht nachweisbar ist.

Dopingklasse S3 – ß-2-Antagonisten:

- Bei ß-2-Antagonisten handelt es sich um Medikamente gegen Asthma, die auf die Bronchien wirken und die Atmung verbessern. Da ein diagnostiziertes Asthma die Einnahme dieser Medikamente recht-

fertigt, ist die Zahl der attestierten Asthmaerkrankungen unter Leistungssportlern überdurchschnittlich hoch.
- Nebenwirkungen von ß-2-Antagonisten betreffen vor allem das Herz: Die Herzfrequenz steigt und es kann zu Engegefühlen (Angina Pectoris) oder Arrhythmien kommen. Außerdem können Muskelzittern (Tremor), Schwankungen des Blutzuckerspiegels und eine Verringerung des Kaliumspiegels auftreten.

Dopingklasse S4 – Hormone und **Stoffwechselmodulatoren:**
Diese Mittel werden genommen, um natürliche Regelungsprozesse zu beeinflussen. Bekannt geworden sind die Myostatin-Inhibitoren, die das Muskelwachstum beschränken.

Dopingklasse S5 – Diuretika und andere **Maskierungsmittel:**
- Diuretika führen zu verstärkten Ausscheidungen und können so den Nachweis von Dopingsubstanzen im Urin verhindern. Des Weiteren werden diese Mittel genommen, um in Sportarten mit Gewichtsklassen die Beschränkungen zu bestehen.
- Als gefährliche Nebenwirkungen können ein starker Blutdruckabfall und nachfolgend bedrohliche Verschiebungen im Elektrolythaushalt auftreten.

Im Wettkampf verboten sind:

Dopingklasse S6 – Stimulanzien:
- Stimulanzien unterliegen überwiegend dem Betäubungsmittelgesetz (BtMG). Hierzu zählen Amphetamine, Kokain und Ecstacy. Hinzu kommt das in vielen Hustensäften enthaltene Ephedrin. Seit 2004 ist Koffein nicht mehr aufgelistet.
- Amphetamine können Halluzinationen, Psychosen und psychische Abhängigkeit auslösen und den Wärmehaushalt stören. Außerdem können Stimulanzien dazu führen, dass der Körper auf die sogenannten geschützten Reserven zurückgreift und es so während der sportlichen Belastung zum Tod kommt.

Dopingklasse S7 – Narkotika:
- Narkotika gelten als Doping, wenn sie opioidartig sind, also als starke Schmerzmittel wirken. Aspirin und Voltaren sind erlaubt, Morphine wie z. B. Heroin sind verboten.
- Bei Überdosierung von Narkotika kann es zu Atemlähmungen und in der Folge zu Sauerstoffunterversorgung mit Gefäßschädigungen sowie zum Kreislaufschock kommen. Narkotika können außerdem grundsätzlich süchtig machen.

Dopingklasse S8 – Cannabinoide:
Cannabinoide (Haschisch, Marihuana) verbessern die sportliche Leistungsfähigkeit nicht. Sie können aber in Hochrisikosportarten (z. B. Skiabfahrt) die Angst unterdrücken und so zu besseren Leistungen führen, wodurch allerdings ein erhebliches Verletzungsrisiko in Kauf genommen wird.

Dopingklasse S9 – Glucocorticosteroide:
Als Glucocorticosteroide werden Präparate bezeichnet, die dem körpereigenen Cortison ähneln. Sie beeinflussen den Eiweiß- und Fettstoffwechsel und wirken sich negativ auf das Immunsystem aus. Sie werden wegen ihrer euphorisierenden Wirkung zur Leistungssteigerung genommen.

Alkohol hat nur in ganz wenigen Sportarten eine nutzbringende Wirkung (Bogenschießen, Billard) und ist auch nur dort verboten.

Betablocker haben eine ähnlich beruhigende Wirkung wie Alkohol und sind bei ähnlichen Sportarten verboten.

Neben den angeführten Substanzen gibt es drei Methoden, die als Doping gelten:

Dopingklasse M1 – Blutdoping:
Das durch EPO mit Erythrozyten hochangereicherte Blut wird entnommen und gekühlt gelagert, bis es dann beim Saisonhöhepunkt zum Einsatz kommt. Das Blut des EPO-Dopers wird zunehmend viskoser, was zu Gefäßverschlüssen führen kann. Je nach Sportart gibt es unterschiedliche Obergrenzen für den prozentualen Anteil des festen Blutbestandteils, den man Hämatokrit nennt: So liegen diese Grenzen z. B. im Radsport bei 50 % und im Skisport bei 52 %, wobei kein Argument für diese Unterschiede genannt werden kann. Während bei Untrainierten solche Werte durchaus ohne Doping vorkommen können, sinkt mit zunehmendem Trainingsniveau der Hämatokrit.

Dopingklasse M2 – Chemische und physikalische Manipulation:
Außer pharmakologisch (vgl. Dopingklasse S5) können Urinproben chemisch oder physikalisch manipuliert werden. Beispielsweise werden Proben dadurch ungültig, dass sich der Sportler auf den Finger uriniert, auf dem sich Spuren herkömmlichen Waschmittels befanden, die bestimmte Mittel nicht nachweisbar machen (chemische Manipulation).
Physikalisch manipuliert wird mit Fremdurin, der bei Männern in einer Blase im Enddarm steckt und mittels eines behaarten Schlauchs nach vorne geführt wird. Frauen deponieren in unmittelbarer Nähe der Harn-

röhre eine mit Fremdurin gefüllte Blase, die dann z. B. mit langen Fingernägeln eingeritzt wird.

Dopingklasse M3 – Gendoping:
Gendoping wird als verbotene Methode behandelt. Derzeit kann nur spekuliert werden, welche leistungssteigernden Mittel daraus resultieren. Einige Mittel (Mystatin-Inhibitoren, Peptidhormone) werden gentechnisch hergestellt. Bisher sind die Stoffe aus der Genforschung (z. B. GW1516) leicht nachzuweisen.

4 Kontrollen

Da während intensiver Trainingsphasen die Wahrscheinlichkeit für Dopingmaßnahmen am größten ist, werden vor allem in dieser Zeit unangekündigte Kontrollen durchgeführt. Damit die Kontrolleure den Sportler antreffen können, muss dieser vor jedem Quartal im Voraus seinen Aufenthaltsort angeben. Der Sportler erhält dafür einen USB-Stick der Nationalen Anti-Doping-Agentur (NADA) und einen Zugang zu der Internet-Plattform ADAMS. Kurzfristige Abweichungen von den Plänen können im Internet, telefonisch oder per SMS jederzeit vorgenommen werden. Wird ein Sportler nicht angetroffen, zählt dies als „versäumte Kontrolle“ und wird in der nächsten Zeit nachgeholt. Drei sogenannte „Meldepflicht- und Kontrollversäumnisse“ innerhalb von 18 Monaten kommen einer positiven Dopingprobe gleich, was in Deutschland bedeutet, dass ein entsprechendes Disziplinarverfahren eingeleitet wird, das vor dem Deutschen Sportschiedsgericht (DIS) in Köln verhandelt wird.
Datenschützer sehen in dieser Dokumentation einen massiven Eingriff in die Privatsphäre und bemängeln die Sicherheit der Daten und die fehlende Anonymisierung.
Nicht alle Sportarten werden gleich behandelt: Während sich der Radsportler nur in der Zeit zwischen 23.00 und 7.00 Uhr sicher sein kann, dass nicht ein Dopingfahnder an seiner Tür klopft und ihn unmittelbar zur Urin- und Blutabgabe auffordert, kann sich der Fußballer praktisch in absoluter Sicherheit wähnen: Weder NADA noch die Firma PWC, die nahezu alle Dopingproben in Deutschland nimmt, wissen, wo die Fußballer wohnen. Diese können nur zu Kernzeiten am Trainingsgelände angetroffen werden, müssen nur Urin abgeben und haben eine Stunde Zeit, ehe sie sich dem Dopingfahnder stellen müssen. Wenn sie also tatsächlich noch eine Substanz im Körper haben sollten, die im Urin nachweisbar wäre (ca. 50 der 200 EPO-Derivate kommen da infrage), könnten sie diese sehr einfach verdünnen, ausspülen oder die Probe ungültig machen.

Während die Trainingskontrollen alle von der NADA übernommen werden, kontrollieren immer noch einige Verbände ihre Athleten im Wettkampf selbst. Diese Uneinheitlichkeit wird jedoch zunehmend aufgelöst und wegen der Gleichbehandlung sollen alle Verbände auch die Wettkampfkontrollen an die NADA übertragen.
Wenn die NADA kontrolliert, geschieht dies stets nach dem gleichen Ablauf: Bei Spielsportarten werden Sportler ausgesucht, bei Individualsportarten werden in der Regel die Sieger getestet. Nach Zieleinlauf bzw. Schlusspfiff wird dann der ausgewählte Sportler von einem Kontrolleur begleitet, bis er eine gültige Probe abgegeben hat. Dabei kann es zu Problemen kommen, was die Quantität des Urins, aber auch dessen Dichte angeht. Anschließend werden A- und B-Probe im Beisein des Sportlers versiegelt und ins Labor gebracht.

5 Verbot vs. Freigabe

Wer kann von sich behaupten, noch nie einen starken Kaffee getrunken zu haben, um der aufkommenden Müdigkeit zu widerstehen, oder ein schleimhautabschwellendes Nasenspray genommen zu haben, das nicht verschreibungspflichtig ist? Beides kann für einen Sportler einen positiven Dopingtest bedeuten.
Wo ist die Grenze zwischen Nahrungsergänzungsmitteln und Doping? Kann man nicht die Argumentation mancher Menschen verstehen, die sagen, dass Sportler, die außergewöhnliche Leistung bringen, auch besondere Mittel und Methoden anwenden dürfen, um diese Belastung besser tolerieren zu können?
Von Zeit zu Zeit wird in den Medien die Freigabe von Doping gefordert oder zumindest in den Raum gestellt.

- Profisportler sind die einzige Berufsgruppe, die, um ihren Beruf bestmöglich ausüben zu können, auf bestimmte chemische Substanzen verzichten oder Methoden nicht anwenden dürfen. Man könnte hier einen Widerspruch zu zahlreichen Bereichen in unserer Gesellschaft (Künstler, Musiker, Manager, Studenten) sehen, in denen die Anwendung leistungssteigernder Mittel nicht weiter hinterfragt und durchaus toleriert wird. Wachstumshormone als Antiaging (Sylvester Stallone), Kokain, um die allgemeine Leistungsfähigkeit zu erhöhen (Christoph Daum, Michel Friedmann) oder LSD, um der Kreativität nachzuhelfen (Beatles), werden nicht in die Kategorie „Doping" gesteckt. Mit dem Begriff „Psychedelische Kunst" wird sogar eine ganze Kunstrichtung bezeichnet, in der Bildhauer, Maler, Filmemacher oder Musiker zu bewusstseinserweiternden Drogen greifen. Schon der Griff zum Bierglas hieße in manchen Sportarten ein Dopingvergehen.

- Hochleistungssportler stünden in der Regel unter enger ärztlicher Beobachtung und so könnten die Substanzen und Methoden so eingesetzt werden, dass sie der Gesundheit der Athleten nicht abträglich wären, so ein weiteres häufiges Argument für die Freigabe von Doping. Dies ist aus zwei Gründen jedoch nicht zu Ende gedacht: Zum einen werden immer wieder neue, noch nicht zugelassene Medikamente genommen, deren Langzeitwirkung völlig unbekannt ist, zum anderen sind die Mittel, die verfügbar und hochwirksam sind, zuweilen auch toxisch. Beispielsweise kann Perfluorcarbone (PFC), das die Sauerstoffversorgung erhöht, nur 2–3 mal pro Saison genommen werden; erfordert die Saisonplanung aber weitere Spitzenleistungen, muss diese Grenze überschritten werden. Hinzu kommt, dass nur Topathleten in den Genuss einer ärztlichen Rundumversorgung kommen, spätestens im Breitensportbereich müssen Sportler nach dem Prinzip *Trial and Error* vorgehen. Wie verbreitet dort Doping ist, haben zahlreiche Studien in jüngerer Vergangenheit gezeigt. Man spricht hier allerdings von Medikamentenmissbrauch.
- Ein weiteres Problem der Dopingfreigabe wäre, dass schon bei Kindern mit Hormonen und gentechnischen Versuchen experimentiert werden würde und es wahrscheinlich schnell zu extremen Körperformen z. B. beim 100-m-Sprint kommen würde.
- Ebenso würde der gesundheitsorientierte Aspekt von Sport völlig in den Hintergrund treten, wenn man für einen Sieg massive gesundheitliche Einschränkungen oder ein frühes Ableben in Kauf nehmen müsste.
- Das Problem der Gerechtigkeit ist im Sport wie im sonstigen Leben ein universelles. In einigen Sportarten versucht man durch die Einteilung in Gewichtsklassen genetisch bedingten Merkmalen zu entsprechen. Natürlich wäre es nicht gerecht, wenn im Boxen ein 1,70 m großer, schmächtiger Mann gegen einen 2,10 m großen, kräftig gebauten Gegner antreten müsste. Im Basketball gibt es aber auch keine verschiedenen Klassen nach Körpergröße. Ebenso wenig kann man für seine genetisch weitgehend festgelegte Muskelfaserzusammensetzung etwas, sodass z. B. einige afrikanische Ethnien beim Sprint bevorzugt sind. Auch soziale Gerechtigkeit wird völlig vernachlässigt: Wer hat schon die Möglichkeit, Polo zu spielen?
- Für eine Dopingfreigabe wird oft auch das Recht auf individuelle Selbstbestimmung angeführt, dass man doch letztlich tun und lassen könne, was man wolle. Das träfe allerdings wirklich nur dann zu, wenn die Rechte anderer davon nicht beeinträchtigt wären.
- Ein Problem der Freigabe wäre auch die Wahl der Mittel. Denn nicht jeder hat die gleichen finanziellen Ressourcen und die gleiche ärztli-

che Unterstützung. Und selbst wenn das der Fall wäre, würden die gleichen Mittel mit der gleichen Dosierung nicht bei jedem die gleiche Wirkung auslösen. Beispielsweise hätte es einen geringeren Effekt, wenn man durch EPO von 43 % Hämatokrit auf 50 % dopen würde, als wenn man von 38 % ausginge, was natürlicherweise vorkommen kann.

- Man könnte natürlich zu dem Schluss kommen, dass die Dopingtests ohnehin selten zu einem positiven Befund führen: Die lange unter Verschluss gehaltene Studie „Doping in Deutschland von 1950 bis heute" hat gezeigt, dass in Westdeutschland mit der gleichen Systematik gedopt wurde wie in der DDR. Positive Dopingfälle gab es trotzdem kaum. Auch der Radprofi Lance Armstrong konnte lange Zeit nicht überführt werden, obwohl er ca. 200-mal während seiner Karriere getestet wurde.

Professionalisierung scheint im Sport mit Doping einherzugehen: Die ersten Sportprofis waren Radfahrer, die schon Ende des 19. Jahrhunderts davon leben konnten, ausschließlich Rad zu fahren. Bei Einführung der Tour de France ging diese zwar nur über ca. 2 500 km, allerdings gab es auch nur 6 Etappen, sodass jeweils über 400 km am Tag gefahren werden mussten; und dies auf Straßen, die wir heute eher Feldwege nennen würden, auf Rädern ohne Gangschaltung, die rund viermal so schwer waren wie heute, ohne Begleitfahrzeuge und mit einem Tempolimit in den Ortschaften. Diese Leistungen konnte noch nie ein Mensch ohne Doping vollbringen.

Stichwortverzeichnis

(Bitte blättern Sie um)

Englisch

Übersetzung .... Best.-Nr. 82454
Grammatikübungen .... Best.-Nr. 82452
Themenwortschatz .... Best.-Nr. 82451
Grundlagen, Arbeitstechniken, Methoden mit Audio-CD .... Best.-Nr. 944601
Sprachmittlung .... Best.-Nr. 94469
Sprechfertigkeit mit Audio-CD ..... Best.-Nr. 94467
Klausuren Englisch Oberstufe ...... Best.-Nr. 905113
Abitur-Wissen Landeskunde Großbritannien .... Best.-Nr. 94461
Abitur-Wissen Landeskunde USA .... Best.-Nr. 94463
Abitur-Wissen Englische Literaturgeschichte .... Best.-Nr. 94465
Kompakt-Wissen Abitur Wortschatz Oberstufe .... Best.-Nr. 90462
Kompakt-Wissen Abitur Landeskunde/Literatur .... Best.-Nr. 90463
Kompakt-Wissen Kurzgrammatik Best.-Nr. 90461

Deutsch

Dramen analysieren und interpretieren .... Best.-Nr. 944092
Erörtern und Sachtexte analysieren .... Best.-Nr. 944094
Gedichte analysieren und interpretieren .... Best.-Nr. 944091
Epische Texte analysieren und interpretieren .... Best.-Nr. 944093
Abitur-Wissen – Erörtern und Sachtexte analysieren .... Best.-Nr. 944064
Abitur-Wissen – Textinterpretation Lyrik · Drama · Epik .... Best.-Nr. 944061
Abitur-Wissen Deutsche Literaturgeschichte .... Best.-Nr. 94405
Abitur-Wissen Prüfungswissen Oberstufe .... Best.-Nr. 94400
Kompakt-Wissen Rechtschreibung .... Best.-Nr. 944065
Kompakt-Wissen Abitur Literaturgeschichte .... Best.-Nr. 944066
Epochen der deutschen Literatur im Überblick .... Best.-Nr. 104401
Klausuren Deutsch Oberstufe .... Best.-Nr. 104011

Natürlich führen wir noch mehr Titel für alle Fächer und Stufen: Alle Informationen unter www.stark-verlag.de

Chemie

Chemie 1 – Gleichgewichte · Energetik · Säuren und Basen · Elektrochemie .... Best.-Nr. 84731
Chemie 2 – Naturstoffe · Aromatische Verbindungen · Kunststoffe .... Best.-Nr. 84732
Chemie 1 – Bayern Aromatische Kohlenwasserstoffe · Farbstoffe · Kunststoffe · Biomoleküle · Reaktionskinetik .... Best.-Nr. 947418
Methodentraining Chemie .... Best.-Nr. 947308
Rechnen in der Chemie .... Best.-Nr. 84735
Abitur-Wissen Protonen und Elektronen .... Best.-Nr. 947301
Abitur-Wissen – Stoffklassen organischer Verbindungen .... Best.-Nr. 947304
Abitur-Wissen Biomoleküle .... Best.-Nr. 947305
Abitur-Wissen – Chemie am Menschen – Chemie im Menschen .... Best.-Nr. 947307
Klausuren Chemie Oberstufe .... Best.-Nr. 107311
Kompakt-Wissen Abitur Chemie Organische Stoffklassen · Natur-, Kunst- und Farbstoffe .... Best.-Nr. 947309
Kompakt-Wissen Abitur Chemie Anorganische Chemie, Energetik · Kinetik · Kernchemie .... Best.-Nr. 947310

Erdkunde/Geographie

Geographie Oberstufe .... Best.-Nr. 949098
Geographie 1 – Bayern .... Best.-Nr. 94911
Geographie 2 – Bayern .... Best.-Nr. 94912
Geographie 2014 Baden-Württemberg .... Best.-Nr. 84906
Geographie – NRW Grundkurs · Leistungskurs .... Best.-Nr. 54902
Prüfungswissen Geographie Oberstufe .... Best.-Nr. 14901
Abitur-Wissen Entwicklungsländer .... Best.-Nr. 94902
Abitur-Wissen Europa .... Best.-Nr. 94905
Abitur-Wissen Der asiatisch-pazifische Raum ...... Best.-Nr. 94906
Kompakt-Wissen Abitur Erdkunde – Allgemeine Geografie · Regionale Geografie .... Best.-Nr. 949010
Kompakt-Wissen Abitur – Bayern Geographie Q11/Q12 .... Best.-Nr. 9490108

Alle so gekennzeichneten Titel sind auch als eBook über **www.stark-verlag.de** erhältlich.

Bestellungen bitte direkt an:
STARK Verlagsgesellschaft mbH & Co. KG · Postfach 1852 · D-85318 Freising
Telefon 0180 3 179000* · Telefax 0180 3 179001*
www.stark-verlag.de · info@stark-verlag.de
*9 Cent pro Min. aus dem deutschen Festnetz, Mobilfunk bis 42 Cent pro Min.
Aus dem Mobilfunknetz wählen Sie die Festnetznummer: 08167 9573-0

Lernen · Wissen · Zukunft
STARK

23-VIT_NW